はじめに

近年、「森のようちえん」という自然環境や地域資源を活用する保育実践は、地方自治体や都会でも注目されるようになりました。幼児教育の文脈では、園舎、園庭に固執せず地域とのかかわりを大切にする実践が見直され、地方自治体では、地方創生を資源の一つとして、注目する人が年々増えてきています。編著者である私は、こんにちまで園庭がない代わりに都市部の自然公園を活用し、「森のようちえん」と呼ばれる自然を活用する実践を行ってきました。このことから私は地方都市に招かれ、実践の話をさせていただく機会が増えました。その際に、必ず行うことがあります。それは早朝、そのまちをゆっくりと時間をかけて歩くことです。なぜそのようなことをするかというと、そのまちを歩くことで、自然豊かな環境に触れ、その土地の風土を感じることが非常に新鮮で、魅力的だからです。地域の文化を"体"で感じるといったら大袈裟かもしれませんが、それがとても心地よいので慣習化しています。

しかし、実際に地元の方とお話しをすると、「この町はなんもねえから」という声をよく聞きます。また、園を拝見すると、特にその風土らしさを感じる実践の様子があまり見られない傾向にあります。ある伝統芸能で有名な地方都市に伺った際に、非常に印象深いエピソードを経験しました。それは、園の保育士さんに「この園では、伝統芸能を園児がやったりする機会はないのですか」と尋ねると、保育士さんはこう教えてくれました。「昔は園で"子ども神楽"というのをやっていたけど、今はやらなくなってしまったんだよね」と話しをされ、クリスマスやハロウィンは行うが、伝統芸能はやらなくなるという、何か寂しい感じが心に残りました。それは、地元の人たちが、自分たちの土地に魅力を感じなくなってしまったこと、また、その地域の保育園が、地域と切り離された教育施設になってしまっていることを意味するのではないでしょうか。

この話しを聞いて私は、高野孝子(現・早稲田大学教授)さんが、当初 Place-Based Education(場の教育)[※1]に関する研究をされており、そのことを思い出しました。その研究とは次のようなものです。アラスカの先住民は、現代においても狩猟生活をしている部族の人たちも未だいるそうです。しかし、その先住民族の地域にも普通教育が入ってきたことによって、彼らの子どもたちは、通常の学校に通うようになり、学校を卒業するようになりました。それまで親と漁に出ながら、その術を学んでいたわけですが、学校に通うことで漁をするための術の習得ができなくなってしまい、彼らの部族の大切な文化が絶えていってしまっているとのことでした。

旧来、学校で教えてくれること以外にも、その土地で生きていく上で学ぶことはたくさんあるはずです。結果、近代の普通教育はその土地のコミュニティにおける自身のアイデンティティをも喪失させることとなり、若者はその土地に魅力を感じず、地元を出ていくことになっていったといいます。このようなことをグリーンウッド(2008)[※2]は、「グローバル化が発展することは、コミュニティを育むものではなく、分裂させるものである」とし、新地域主義(new localism)を提起し、その地域ごとの文化や自然環境などを資源とする学び「Place-Based Education」を 1990 年代頃より進めていったとされています。

先の、日本の地域環境の話とアラスカ先住民族の話で共通するものは、その地域らしさを失い、地域で大切にしてきた学びやアイデンティティが衰退し、画一化及び、標準化された学びが広がっているということだと思います。

本来、地域というものと保育園というものは、深い関係性にあり、地域と保育園を切り離すものではありません。むしろ、地域に根差す保育を再生していく必要があると考え、本書では地域と保育園との関係性を紐解いていこうと考えます。前述の社会課題を解決するにあたり、理論と実践の両方の側面から検証し、地域に根差す実践を推奨する研究者と実践者の協同作業により、本書は構成されています。そして、この書が、保育者が実践を考える上でのヒントになればと考えます。

2019年〜2021年にかけて、東京都は、保育園が都市公園や地域の自然環境を、子どもの遊空間として有効活用してもらうために「自然を活用した保育モデルの有識者会議」を開催しました。この有識者として、汐見先生、宮里先生と一緒に、園外保育を通じて、地域と保育園の関係を再構築するための協議を行いました。これを機にさらに地域に根差した実践を考える機会を得ました。このことは、この実践を達成するためのものとして本書執筆のきっかけとなりました。

本書の前半部分は、保育という文脈と地域との関係性を定義づけるための構成となっています。汐見先生には、保育全体を通して園庭や園舎に固執せず、地域資源と環境を最大限に活かす保育実践を提唱していただきます。宮里先生には、保育者だった時代と現在の研究者という視点から、園外保育の実践の魅力を語っていただきます。「まち保育」という理論を提唱されている三輪先生には、「まち保育」の理論に援用しつつ、保育園がまちに出ることの有益性を語っていただきます。

後半部分では、3人の実践者が地域に根差した実践事例を紹介します。松本さん、齋藤さんと私は、以前から年に数回、三者での話し合いの場を設けていました。そこでのテーマは「第3局」と称し、新参の保育事業者である三者が、保育実践をより良くするための変革を起こすにあたり、「どうしたらいいか」の議論を重ねてきました。この本は、その議論の一環として位置づけられるものです。

斎藤さんには、自身がはじめた「村保育」という実践の詳細を語っていただきます。レッジョ・エミリアの日本機関の代表である松本さんには、レッジョ・エミリアの実践から読み取る「地域コミュニティ」の重要性を語っていただきます。そして最後に私の、「森のようちえん×地域に根差した保育実践」と、墨田区内の保育巡回指導を行った経験を通して、子どもたちを園外に連れ出すことで実践が変容していった事例を紹介いたします。

本書は、地域に根差した実践を彩るそれぞれの側面から、地域に根差した実践の「良さ」を各々の著者に語っていただきました。この本を読んだ方々が、園外保育の魅力を感じ、明日にでも思わず園外に出かけたくなるような地図とコンパスとして活用していただけたら嬉しく思います。

NPO法人　もあなキッズ自然楽校
理事長　関山隆一

<参考文献>
※1　Place-Based Education（地域に根差した教育）に関しては、2007年からNPO法人ECO PLUSがシンポジウムを主催し、報告書を作成しています。詳しくは、ECOPLUSのサイト（ECOPLUS for Sustainable Future | For the sustainable and peaceful future）を参照ください。高野孝子編著『PBE地域に根差した教育：持続可能な社会づくりの試み』海象社、2024
※2　山根 万理佳『場所に根ざした教育（Place-Based Education）の理論と実践』日本教育方法学会紀要、2018、P.50

目次

はじめに ……… 2

1章 園外保育って面白い!? 汐見 稔幸 …… 9

自然の中で子どもたちが育つべき理由:その1 …… 10
- 子どもたちの生活と自然、今と昔 …… 10
- 子どもたちのリアリティ感覚の変化 …… 13
- 子どもたちを取り巻く社会環境の変化 …… 16
- 自然と反比例する「情報環境」 …… 20
- 保育で自然を大事にするということ …… 22

自然の中で子どもたちが育つべき理由:その2 …… 24
- 自然と子どもたちの心とカラダ …… 24

自然の中で子どもたちが育つべき理由:その3 …… 26
- 規格外の出会い …… 26

自然の中で子どもたちが育つべき理由:その4 …… 29
- 「なぜ」「どうして」があふれる世界 …… 29

2章 まち全体が保育資源の宝庫 〜環境心理学の視点から〜 三輪 律江 ……… 31

環境心理学の視点から保育を考える …… 32
「まち保育」ってなんだろう? …… 33
- 「保育」そして「まち保育」って? …… 33
- なぜ「まち保育」?〜「子どもがまちで育つ」という考え方〜 …… 33
- 子どもを取り巻く環境の変化にともなった「まち保育」の大切さ …… 33

子どもを育む環境としての これからのまちづくりの課題 ········· 35

地域社会で「群れ」て「まね」る子育ちの観点 ········· 35

子どもの成長段階別「まち」のかかわり方 ········· 39

乳幼児期の「運動敏感期」
単なる「歩く」から「歩くために歩く」の実現に向けて ········· 41

子どもの成長別の行動圏パターンと
地域とのかかわりから捉えるまちづくりの課題 ········· 43

居住地と子どもの育ちの関係は保護者自身の安心醸成に ········· 45

ライフステージでの行動圏の変化と互助生活圏 ········· 45

「まち保育」の実践 ～園と地域がつながるツール「おさんぽマップ」～ ········· 47

保育施設の園外活動の実態と課題 ········· 47

子どものワクワクスポットの見える化「おさんぽマップ」 ········· 49

園が抱える地域への不安と課題 ········· 51

実践!「おさんぽマップ」ワークショップでつながる園と地域 ········· 51

半径300mお散歩圏内にある宝物の探し方～まち保育4つのステージ～ ········· 53

「おさんぽマップ」によるまちの見える化で大人の気持ちを変えていく ········· 58

保育施設への理解と地域への広がり ········· 58

まとめ:おさんぽは地域資源との接点
～発想の転換でえられる「おさんぽマップ」の極意～ ········· 60

おさんマップづくりのポイント～3つの気持ち～ ········· 62

目次 005

3章　公園あそびのススメ　宮里 暁美 ……………… 65

外に出るって楽しいね …………………… 66
実践例「もりのようちえん」 ………………… 67
　1. 都立林試の森公園の魅力 ……………… 67
　2. いつもの散歩を見直した理由 …………… 69
　3. 4つのキーワード ………………………… 69
　4. 森で過ごした子どもたちの姿 …………… 73

公園あそびを楽しもう ……………………… 77
　1. 公園の運営者・管理者とつながっていく … 77
　2. 子どもや保護者から情報収集 …………… 78
　3. 公園ごとに楽しみ方はいろいろ ………… 78
　4. MAPづくりをすれば楽しさが広がる …… 79
　5. 体験をいろいろな形で記録する ………… 79
　6. 子どもの思いを大切に受けとめる ……… 80

地域に思い出を残すということ …………… 84

4章　村と保育園　齋藤 紘良 ……………… 85

保育の中の楽しさについて ………………… 86
村は生きている ……………………………… 88
パラレルな村の時間軸 ……………………… 88
　どんど焼き ………………………………… 89
　責任の所在 ………………………………… 92
　共同体のエシックスとマナー …………… 93

保育が村の動脈になる ……………………… 95
　「見た目のゆかいな近所の家」宮原華子 …… 96
　なぜ園を出てまちを歩くのか …………… 97

保育の幸の狩猟採集スポット ………………………… 97

「まちこさんを探して」角葵 ………………………… 98
主体と主体が織りなす環境 ………………………… 101
あわいで出会う ………………………… 102

保育が最高に楽しくなる ………………………… 103

5章 地域コミュニティをデザインする保育園
～まちの保育園 吉祥寺の挑戦～ 松本 理寿輝 ……… 105
チームまちの保育園

そもそも、保育園における地域コミュニティとは? ………… 106
パンデミック後の「家族と園」のあり方を再構築する …… 108
「グリーンアトリエ」という思考のプロセス ………… 109

カフェスペース(多目的空間)をみんなのアトリエに ………… 110
プロセスを感じる環境へ ………………………… 110
家族の"参加"をデザインする ………………………… 111
まちの人の"参加"をデザインする ………………………… 111
「みんなでまちほいく」 ………………………… 111

まち(地域コミュニティ)を子どもと再考する ……… 114

まちのマップをつくろう ………………………… 116
「まちってなんだろう?」をもう一度考えてみる ………… 116
たいせつにしたいまち ………………………… 117

身近にある「公園」を遊びつくす ………………………… 118

公園はどういう存在なのだろうか ………………………… 118
「カラスノエンドウのプロジェクト」 ………………………… 119
日常の中の非日常 ………………………… 121
「子どもは想像の達人」 ………………………… 122

6章 都会でもできる「森のようちえん」 関山 隆一…123

地域に根差した森のようちえんの実践 …………… 124
地域に根差した実践(大磯町編) ……………………… 125
地域に根差した実践(茅ヶ崎編) ……………………… 130
地域に根差した実践と文化的コミュニティ …………… 133
地域に根差した実践(墨田区の巡回園編) ………… 136
　1.巡回保育でのエピソード ……………………… 137
　2.想定外の雨 ……………………………………… 140
　3.見て学ぶこと …………………………………… 141
　4.墨田区巡回指導のまとめ ……………………… 143

地域に根差した実践のまとめ………………………… 146

コラム ………………………………………………………147
参考文献一覧 ……………………………………………149
おわりに ……………………………………………… 150
著者プロフィール/ Special Thanks ………………………151
奥付 …………………………………………………… 150

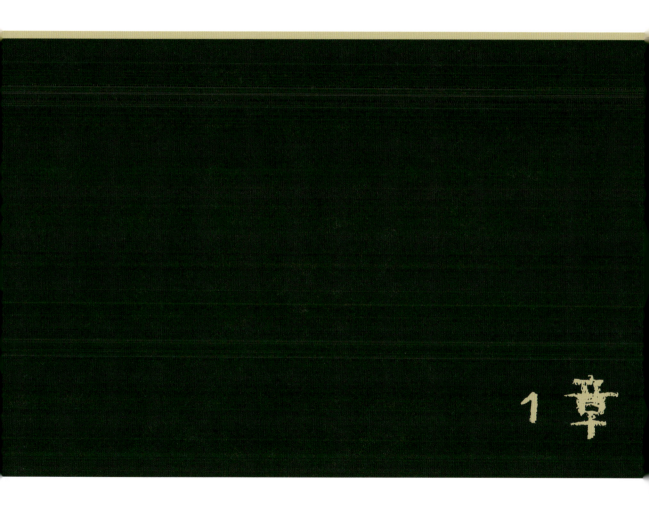

1章 園外保育って面白い！？

1章　園外保育って面白い！？

東京大学名誉教授・
白梅学園大学名誉学長

汐見 稔幸
（としゆき）

自然の中で子どもたちが育つべき理由：その1

子どもたちの生活と自然、今と昔

　いくつか大事な理由があります。一つ目は、子どもたちの生活に自然が激減してきている、ということにかかわっています。この自然は生物学的な自然だけでなく、社会的自然といいますか、人間が恣意的に制度にあれこれ仕組みを作る前の社会も含まれています。

　今の子どもたちは建物の中に保育室があって、保育所の中で生活をすることで、保育を体験している、保育を受けているわけです。もちろん、家庭でも似た生活で、朝起きたら畑の中を走り回って目覚まし代わりにするというような子は、もう日本にはいないですね。直接の自然と触れ合って生活することが激減しているのが現代の人間の、そして子どもの生活なのです。このことと、これらからの保育で自然を大事にするということが深くかかわっています。

　少し前までの日本人は、朝起きたらまず自然に挨拶するというような生活をしていたわけです。北海道で、開拓に入った人たちの孫という人が私の友人にいます。帯広地区で、おじいさんたちは毎朝起きたら、太陽の方を向いて両手をパチンパチンと大きな音を出して打って、今日もよろしくと挨拶していたということです。どこの家でもパチンパチンとやるので、それが朝が来た合図になっていたといいます。それから、仕事で畑に出て、草とあれこれ対話しながら、その年の野菜やコメの成長に願いをかけていたわけです。

　江戸時代には朝起きたら食事をせず、まず畑や田で仕事をし、日が高くなると暑いので休み、それから朝食をとったといいます。そのあと

暑ければ昼寝をし、日が傾いてからまた仕事をし、そのあとまた食事。だから食事は一日2回だったのですね。夜食がなかったのは、当時夜は暗くて、生活できなかったからのようです。生活リズムも自然に沿っていたわけです。食事が一日3回になったきっかけは庶民の灯り用の油がイワシから菜種に代わり、臭くなくなってからといいます。臭くなくなったので夜の生活ができるようになり、銭湯等もたくさんできて、夜食を皆食べるようになったのです。それから一日3回の食事になったそ

うです。江戸の後半ですね。

　子どもたちの生活も、そうした大人の生活に巻き込まれていたわけですから、自然と一体のものでした。私は団塊世代ですが、子どものころ、隣の家の庭に鶏が数羽放し飼いにされていたのをよく覚えています。意外とうるさくて、絞められるとわかると危機を感じるのでしょうか、鶏たちは木の枝に飛び乗って逃げていました。そのときは本当にうるさかった。でも、どの家も、何らかの動物といっしょに生活していたのです。

当然臭いはかなりありました。

　少し前まで、生活の大部分はそうした具合で自然と一体で、自然の音やにおいが今よりもよほど多く漂っていました。私が子どものころ、朝起きるときは、窓の外の雀の声がうるさくて目覚めることが多かったのです。夏など二階の窓を開けていると、ときどきコウモリが飛んで入ってきました。部屋に入ったコウモリを必死になってつかまえて、羽を広げて顔を見たときのことは今でも覚えています。顔は意外とかわいいのです。

　夏の夕方、原っぱのそばの道で遊んでいると、口になかにたくさんあるものが入ってきました。それは大量に飛んでいる雄の蚊です。人の血を吸う蚊は雌なのですが、実は大量に雄がいて、前方が見えなくなる程多く飛んでいるのです。それが口に入ってくる。でもそういうものはたいして気になりませんでした。当時の生活というのはそうしたものだったのです。

　このように地域の生活には今よりもたくさんの匂い、臭いがありました。私が生活していた堺市の家のそばには田んぼ、畑が続いていたの

1章　……　園外保育って面白い!?　……　011

ですが、その畑のある土地の一部に「肥溜め」というたらいの大きいのを土に埋め込んだような場所がありました。人糞を肥料として使うためにためておくところです。そこの周りの草が大きく茂って垂れ、その肥溜めが見えなくなると、ときどきその近辺で遊んでいた私たちは、そこに肥溜めがあることに気づかず、ドボンとはまってしまうことになります。私もときどきやりました。人糞で汚れた服を洗い、私の体を洗う母親の苦労は大変だったのだな、と思いますが、そういうこともある、という

のが当時の生活だったのです。気をつけなさい、だけです。

家のトイレも当時はどこも汲み取り式便所（通称ボットン便所）で、たまった便は、農業をしていた人がときどきくみ取りに来てくれました。それを彼らは肥料にするわけで、その限り育てたもの、食べたものがまた土へと循環していたのです。小さかったころ、私はそのボットン便所に間違って落っこちてしまったことがあります。2回ありました。そのときどう処理してくれたか記憶は定かではありませんが、そういうことはときど

きあるもの、というのが当時の常識だったのです。便は確かに独特のにおいがするのですが、だから無用のもの、という感じはなかったのです。ある意味必要なもの、という感覚というのでしょうか。グレートジャーニーで有名な関野吉晴氏のドキュメンタリー映画「うんこと死体の復権」は、現代社会で忌避されがちな排泄物や死体を通じて、生命の循環を見つめ直す作品です。この映画では、自然の中での生活と現代社会の生活を対比し、どちらがより自然に近いかを考えさせられます。

冬の生活もまた、今とはおよそ違っていました。我が家はこたつと火鉢が暖房の基本方法でしたが、こたつの中に入れる練炭や炭に火をつけてある程度燃やすのが子どもの仕事でした。ある程度燃やしていないと、こたつの中に一酸化炭素が出て中毒死することがあるからです。でも燃やしすぎると、暖房用の炭の残りが少なくなります。ころあいが大事でした。

外で遊ぶときも、当時はよく焚火をしました。あちこちから燃えるものを持ってきて焚火をし、それで暖を取るのです。どんど焼きといっ

て、大きな焚火をすることで、何かのお祓いをすることもよく行われていました。火は、魚を焼くために炭をおこすときや、普段の調理のとき、家からでたごみを燃やすときまで、日常的に生活のそばにありました。やきいもをつくるのも、そうした生活の一環で、特別のことではありませんでした。小学生のころ、遊びの一環で原っぱに残っていた枯れ草を焼こうとしたことがあったのですが、どんどん燃え広がって、消すのに苦労したことをよく覚えています。あのときは広がりすぎたらどうし

ようとさすがに焦りました。その焦りの気持ちが昨日のことのように記憶にあります。

子どもたちのリアリティ感覚の変化

　少し長く私の子どものころのこと、しばらく前の日本人の生活をさまざま振り返ってみたのは、ノスタルジックに過去をなつかしく伝えようとするためではありません。こうした自然との素朴な交渉を無限に繰り返すことで、人間の子どもは次第に与えられた生命活動を的確に行えるようになり、やがてそれをベースとする生きることの基本的実感、つまり生命のリアリティ感を形成してきました。しかし、現代の子どもはそうした生活とおよそかけ離れた、自然とのナマの接触をたち切られた生活をしています。人工的で、偶然が省かれた、すべてがどこかで計算された必然の中に身を置き、誰かが作ったさまざまな情報にさらされる生活をするようになっています。その情報の価値も、自然がベースの生活の価値とは異なり、人を感情的に引き付けるものであるとか、人工的な美男美女の世界など、情報自体が作り出した価値観に基づいているのではないか、と考えてみたいのです。そこで起こりつつあるのが子どもたちのリアリティ感覚の歴史的変化です。それが今の子どもたちの不登校

等の行動の背後にある心的変化で、そのことをこれからどう評価するか
が大事な課題となると思うのです。以下でそのことをもう少し詳しく説
明します。

　人間は、いのちをいただいた後、そのいのちを維持するためにさまざ
まな生命活動を行わねばなりません。その活動は、人間の周りの世界
との相互交渉のような形を取ります。肺から空気をもらい、その中の酸
素が肺で血液中のヘモグロビンと接触し、ヘモグロビンが酸素を体中
に配る役目を果たします。酸素が少ない空気だと、それ自体で生命活
動が妨げられます。また、体内で作った二酸化炭素を空気中に放出す
る役目も肺がつかさどっています。他方で、人間は日光を浴びることで
目の網膜が太陽光に反応し、脳内のセロトニン神経が活性化され、セ
ロトニンが分泌されます。セロトニンの分泌量が増えると夜間にメラト
ニンの分泌量が増えることが明らかになっています。もう少し詳しくい
うと、セロトニンは、脳から分泌される睡眠ホルモンであるメラトニン
の原料となります。メラトニンには、季節のリズム、睡眠・覚醒リズム、
ホルモン分泌のリズムといった 概日リズム（サーカディアンリズム）を
調整する作用のあることがわかっています。以前から睡眠時間が短いと
糖尿病になりやすいことが知られていたのですが、最近ではメラトニン
が不足すると糖尿病の発症率が高くなるという研究も報告されています
（この項は https://www.ohara-ch.co.jp/meitantei/vol01_2.html
を参照しています）。つまり、人間は長く進化の過程で、太陽の光と上
手に相互作用し、おのれの生命活動をコントロールするようになってき
たわけです。ですから、生まれた後も、昼間は十分に太陽に接し、夜
はしっかり暗い中で寝るというリズムが当然大切になります。

　人間の外界との相互作用は、こうしたことだけでなく、風を感じるこ
とで皮膚の触覚が活性化し、また室内と室外の温度差や湿度差を触
覚が働いて感じ取るなどのことが行われています。小さな音と大きな音、
排気ガスのような音の、仏壇の鐘のような音など、音には気持ちのよく
なるものとそうでないものがあることを聴覚は感じ取ることが必要です。
これは音の世界と接し始める赤ちゃんのときにこそ大事になります。音
の世界の価値判断というか、おのれの生命活動にとってポジティブに感
じる音とネガティブに感じる音を腑分けすることで、音の世界に意味を

感じ取る機能を身につけていくわけです。そのとき、子どもは、自然の風のそよぎ、せせらぎの音、強い風に揺らぐ木々の恐怖心をあおるような音等の自然の音と、種々の人工的な音の双方を聞くことになります。長い間、自然の音だけに囲まれていたことで身につけた、自然の奏でる音に美を感じる感性は遺伝子に刻まれているはずです。それを活性化することが、人間の自然性を活かす上で大事になります。

　視覚も同じです。自然のものを見てばかりいた以前の人類は、やがて自然にはないものつまり人工的なものを見るようになっていきました。特にそれは近代に進みました。

　ところで自然の中にあるものと人工的なものの差はなんでしょうか？それは自然の世界には直線がないということだと思います。空の雲も、流れる川も、森や山がつくる山肌、こんもり盛り上がる森の外観も、一本一本の木々も、道端に落ちている石ころも、果物も、野菜も、動物のつくった獣道も、すべてすべて曲線でできています。しかもその曲線は偶然できたもので、形は無限の多様性をもっています。自然には考えてつくられたまっすぐなもの、まっ平なもの、まん丸なものはないのです。月や太陽が唯一の例外でしょうか。だから日本人はあれほど月や太陽にあこがれたのかもしれません。ともかく自然には直線に類するものはない、むしろ自然とは直線やまっ平の面のない世界、と定義してもいいくらいなのです。ですから長い歴史の中で作ってきた人類の美意識には、曲線が作り出す独特のバランス等に美を感じるというものが基本にあることになります。

　ところが人口的な世界はこれとは逆なのです。舗装道路も、鉄道の線路も、のっぽビルも、我が家の稜線も、きれいな直線でできています。壁はまっ平ですし、道路もまっ平になっています。しかしです。アニメ作家の宮崎駿さんは、養老孟子さんとの対談集『虫眼とアニ眼』では、「自分が一番最後につくりたいのは保育園だ」と語り、対談集の冒頭で15ページにわたってその設計図を書いています。その中で、保育園は町の一番いい場所に造ることが初めに書かれ、実際の宮崎さん設計の保育室が描かれているのですが、その保育室の床はでこぼこになっています。その横に説明があり、自然の中には平なところはないから、と書かれているのです。園の中にも、子どもたちの遊びの遊戯空間をわざ

1章　……　園外保育って面白い！？　……　015

とでこぼこにしているところがありますが、基本は同じ考えからでしょう。

　つまり、視覚の分野でも、自然の世界と多く接して眼の働きを鍛えて育つのと、人工の世界と多く接して育つのでは、基本的な美的感覚が異なってくる可能性がある、ということなのです。人類はそのことに気がついてきているのかもしれません。バルセロナのサグラダファミリアが世界遺産になっているのは、ガウディのように曲線にこだわった建築美へのあこがれが現代人に強くあるからかもしれません。

子どもたちを取り巻く社会環境の変化

　以上は自然そのものとの接し方の違いが、相当大きな違いになってきている説明でしたが、子どもが赤ちゃんのころから接する世界は、これ以外に社会的世界という大事で大きな世界があります。紙数の都合で詳しくは論じませんが、社会的世界でもしばらく前と大きな違いが生じていることはわかるでしょう。食事を作るということひとつ取ってみても、食材のかなりを自分たちで自然の中から手に入れなければならなかった時代は終わり、ほとんどが買ってくるものになりました。今は出来上がったものを温めるだけでいいという食材がどんどん増えていっています。やがて料理ロボットができ、人間は自分で料理を作ることをしなくても生活できるようになっていく可能性があります。生活の中で作るということが激減し、使う、消費することが大部分になってきているのです。

　人間関係も、家事を手伝ったり一緒に行ったりするということが豊か

にあれば、それに伴う会話と言葉が身についていきます。しかし、一緒につくることが減れば、会話は具体的なことをテーマにすることが少なくなり、消費世界のことをテーマにすることが多くなります。消費世界では、何がおいしいとかどこのお店がいいとか、具体的なことがあれこれ取りあげられます。ですが、目の前にあるコーンの缶詰やソフトクリームがどこで誰によって作られ、どれほどの人間の苦労がそこに込められているのかといった生産過程のことはテーマになりません。安く、おいしければいいのです。バナナ一本つくるのに、何人がどこで、どの程

度の給与で働き、そこにどういった苦労があるのか。日本に届くまでにどのような薬がかけられているか、等を知らないでも食べることを楽しめます。さらに大きくいえば生きていけるということは、人間にとって幸せなことなのか、が問いにならないのです（このことについては大津和子著『社会科＝１本のバナナから』国土社 1987 年が参考になります）。別の見方をすると、消費社会で形成される価値観は、自然との対話の機会を大幅に減少させ、消費の論理だけで世界を理解しようとする傾

向にあります。これにより、自然の論理や人間と自然の関係を無視した、人間の全能感の亜種である消費的全能感を助長する可能性があります。そういう問題を議論しあわなくていいのか、ということです。

　また、次に見る情報社会化が極端に進んでくると、社会の制度が、その情報によって細かに規格化されてくるということが始まります。私が中学生のころは、朝授業に来るのに一升瓶を片手に二日酔いで登場した先生がいたのですが、人気者でした。今は２か月先の公開授業の

教案を出さねばならないようにいわれ、毎回の授業がその公開授業案にあわせた進度で行わなければならなくなっています。授業で、はみ出ることさえできないのです。教育関係の世界は特にそうなのですが、計画がどんどん細かになります。私の講演会でも、教育委員会や学校が主催する場合、寸刻みでスケジュールが作られていて、その通りに進行できたかどうかが評価の対象になります。講演が面白く成功することと、スケジュールや仕事の分担が細かく決められた通りできたこととの間に

は、特に関係はないと思うのですが。教員がそうして新しい情報システムが作る規格に細かく管理されると、今度は教員が子どもを管理することになっていきます。他方で、中学受験等もどこどこの塾に入れるかどうかで帰趨(きすう)が決まるなどが「常識」になり、まるで規格品をつくるように、受験のベルトコンベアに我が子を乗せなければならない、と強迫される親が多くなっています。子どももそうしてつくられる価値秩序に過剰適応することが多くなり、受験王国の韓国では、子ども同士マンションの何階に住んでいるかで、友だちのグループが違ってきているといいま

１章　……　園外保育って面白い!?　……　017

す。上階ほど収入の多い家庭が多くなるからです。おまえ何階？と聞いて上階の子は下階の子とは遊ばなくなっているというのです。日本でも似たことが起こっていると聞きましたが、つまらぬ差別意識が、子どものころから身についてしまうことの恐ろしさを思ってしまいます。こういうことが起こることの背景に、自然の中で自由に遊べなくなって、生きる手ごたえ、リアリティが受験の点数の競争社会の方にあると感じ始めているということが間違いなくあると感じます。自然の中での人の評価は、

社会での評価とは大きく異なり、評価軸も多様です。しかし、社会がそうして情報によって規格化され管理されていくと、学ぶことも、生きることも、その規格に上手に適応することが中心的な評価テーマになり、その人が自分で社会的価値を選んでいくことが、容易にできなくなることにつながります。自然が豊かな社会では、偶然も多様にあり、その偶然に上手に適応できれば楽しく遊び、その延長で仕事もできます。ですが、誰かが社会の動きを合理化するために作った情報で管理され

た社会では、人間の選択が社会が用意した選択肢の延長上だけになり、自由という正しい意味からどんどん離れていくことになります。若い人の中に、自分の気持ちを自由に表現することが怖くてできず、対人関係が自由に作れないと嘆いている人が増えています。これは子どものころから学校でのいじめを起点とする同調圧力の強さに、自己を自由に表現できなくなり、次第に同調するための空気を読み過ぎてしまうためです。その結果、自己を他者に気兼ねなく差し出すことが容易にできなく

なってきている状況をそこに読むことができます。こうしたことが子どものころから当たり前になってきている今日、そこからどう抜けて子どもを自由な主体として育てていくか、相当根本から考えなければならなくなっていると思います。

ただしその一方で、都会の人間、若者に、農業や漁業など、第一次産業を目指す人が少しずつ増えてきている、という現実もうかがえます。これは自然と直接かかわり、そこを起点に人間の社会的関係を築くことから疎外されていることへの無意識の危機意識が若者に生まれている

からなのかもしれません。そういう人たちが、自信をもって生きていくことを支える新たな生活支援が、緊急にテーマ化されなければならないと思います。

自然と反比例する「情報環境」

　子どもの周りには自然環境、社会環境以外に、情報環境とでもいえる環境があります。もともとそういった環境を特立てする必要はなかったのですが、現代文明が情報メディアの発達を起点に急速に変化発展しているため、その情報と情報が作り出す新たな社会がもつ意義がとてつもなく大きくなってきているという現実があります。どうしても、情報環境という環境を特立てする方が実際の世界を理解しやすくなっているわけです。長い人類の歴史の中でこれまで経験しなかった環境の出現です。

　人類史の過去の経験が参考にならない環境なのです。今では、スマホを持たないで生活することは考えられない、という人が圧倒的に多くなっているのではないでしょうか。電車の中で乗客を見ていると、半分以上の人がスマホを見ているので驚いたことがあります。ネットで情報を手に入れることが子どもにも当たり前になっていくことで人間の何が変わっていくのか、これはこれから人類挙げて議論していくべきテーマになってきていると思います。ここで私がいうことは、ある種の仮説にすぎませんが、こういうことを議論しないでは、保育も教育も自信をもって実践できない時代になっているということは、共通の了解になっているといえるのではないでしょうか。

　子どもたちにとって情報環境が問題になるのは、
①直接体験が減り間接体験が増えてきてそのバランスが欠けてくると、間接体験の知を直接体験の知に置き換えて想像的に理解することが困難になってくること、知ってはいるが識らないことだらけ、という知の世界に陥る可能性が高くなること。
②テレビゲームなどで嗜癖に陥ることが多いのは、そうした世界の情報は人間の脳のある部分を繰り返し刺激し、そこにドーパミンなどが大量に分泌され、その快感から離れられなくなるから、と思われるが、そういう可能性と誘惑が常にある社会で生きることになりがち。
という理由があるからです。この点については、ここでは簡単にこれだけ述べて、以降でもう少し詳しく論じることにします。

020　園外・まち保育が最高に面白くなる本

いずれにしても、自然から離れることと、それと反比例する形で増えていく情報環境への接点が増えることが、人間の在り方に大きな問題を持ち込み始めている、ということだけは記憶にとどめていただきたいと思います。

関連して、こうした情報環境への過剰適応によって、子どもたちのリアリティ感覚が変容しつつあるのではないかということが、これからの社会で最も大きな問題になる可能性があります。私がいう「リアリティ感覚」とは、人間の意識の最も基底にある無意識の感覚のことです。これは、その子の生命活動の繰り返しを通じて、これこそが自分にとって生きていることを意味づけてくれる価値世界、あるいは風景と感じるもののことです。現象学などで地平といわれているものと近いかもしれません。これまで述べてきた子どもの体験世界の変容は、すべてこのリアリティ感覚の変容につながっていると思います。この点についての議論が今後活発に行われることを期待しています。

新たなリアリティ感覚の下では、例えば食べるためにみんなが苦労して仕事をするということは、子どもたちの必要事項（風景）にはなりません。小学生くらいになると、自分が生きるために何をしなければならないかがよくわからない、という漠然とした感覚が日常を覆う可能性があります。学校に行く理由がわからないという声もあります。学ぶことが喜びにつながる体験を上手にさせてくれる学校であれば別かもしれませんが、ドリル的な学習が中心だと、それを続ける意味がわからない、という感覚が広がっていく可能性の広がりです（石井光太氏の『ルポ　スマホ育児が子どもを壊す』新潮社 2024 年には、こうしたリアリティ感覚の子どもたちのことが具体的に描かれています）。自然との有機的なつながりが大事になっているというのは、具体的なナマの自然と接することだけでなく、社会における自然、つまり、人間は自然からあらゆるものを受け取りながらしか生きられないという原点が、多様に伝わるような社会のとらえ方が大事になっているという謂れなのです。

1章　……園外保育って面白い!?……　　021

保育で自然を大事にするということ

　保育において自然の中で自由に遊びこんでいる子ども姿こそ、その原点にある姿であり、保育は本当は施設の中で行うのではなく、このように子どもが自然な姿を示しているところで行うべきなのだ、と述べたのは、実はかの倉橋惣三（くらはしそうぞう）でした。

　倉橋惣三は、『幼稚園真諦』という、幼児教育関係者にとってバイブ

ルともいえる重要な本を書いています。その中で、幼稚園というのは、部屋の中に子どもたちを取り込んで保育するのではなく、子どもたちが遊んでいるところに保育者が出かけて、そこで保育する方が自然だということを述べているのです。このことを倉橋は「でかけ保育」と呼んでいますが『幼稚園真諦』には具体的にこう書かれています。

　「わたくしは時々こんなことを考えます。幼稚園へ子どもを来させるのではなく、こちらから子どもの遊んでいるところに出向いて行くことにし

たら、どんなものだろうか、と。つまり出かけ保育ですね。

　みなさんにも、何々幼稚園教諭の肩書きがなく、行脚教諭としてご自分では幼児教育のしっかりした目的を持っていながら、そこに幼児たちを呼び寄せるのではなく、幼児が自分たちで集って遊んでいるところへ出かけて行く、と考えてみましょう。

　あの椎の木の陰に子どもが集って遊んでいる。あの芝生に子どもが集って遊んでいる。そこへ、あなたの方から出かけて行く。あるいは子

どもの家の子どもへ立ち寄り、子ども部屋へ立ち寄り、日当たりのよい縁側へ腰をかけさせてもらい、というふうに子どもの生活しているところに教育を持って出かけて行くとしましょう。

　そうしたら随所に、子どもの真の生活形態のままで教育をなさることができるわけです。わたくしは時々そういう巡回保育と申しますか、出張保育と申しますか、そういう会社でもつくって、自らその親方になってみたら面白かろうと夢見ます。」等々。

　ここには「夢見ます」と書いてあります。「そういうことができたら」

ということをいっているわけですが、元来、子どもたちが自然に集って遊んでいる場所が、子どもたちの育つ場であり、そこに保育者が出かけて行くのがいいのではないかとさえ言っているわけです。

　これからの学校もそうですね。ああいう建物の中だけが学びの場とは限らない。職人さんたちがいろいろなことを精を込めてつくっている。その現場に参加させてもらってそれを見学するだけでも、ものすごくやはり刺激の多い学び、教育になると思っています。ともかく、こうしたこ

とを踏まえると、子どもは人類史を通じて自然の中でずっと生きて育ってきたこと、しかし現代ではそれがなくなってきていることがわかります。人工的な世界の前に、あるいはそれに並行して自然の世界と多様に出会うようにしないと、子どもが人間として深く育たなくなる可能性が出てきていること、これが一つ目の理由であります。

1章　……　園外保育って面白い！？　……　023

自然の中で子どもたちが育つべき理由：その２

ぱしゃーんってなるよ！

　二つ目の理由に移ります。これまで細かに述べすぎましたので、ここからは今までほど細かには説明しないでポイントを絞った書き方にしていきます。

自然と子どもたちの心とカラダ

　二つ目は、自然の中に子どもたちがそこで遊んだり、休んだりすることによって、自然の力を借りて、子どもたちの体が、あるいは心身が清められるということです。

　自然の中に排気ガスがいっぱいあったり、工場からの煙が出ているというところであれば、それは困るのですけれども。川で遊んだとしても、その川が本当に汚い汚染水であったりすればそれは困りますが。でも今次第にまた元に戻ってきていますよね。

　例えば林の中に入って行くとします。そうすると、そこに生えている、あるいは植わっている木はそれぞれが自分を守るために、周りに無数にいるウイルスだとかさまざまな微生物と闘っているのですね。それは人間と同じなのです。有害なウイルスとか微生物が自分の中に住み着けば、樹木は簡単に死にます。東京・青梅市の梅の木がすべてウイルスにやられて、一時すべての梅の木を伐採したことがありましたね。沖縄のパパイヤもウイルスに毒されてかなり死んでしまっていたことがあります。今も沖縄には昔ほどパパイヤがありません。そこで、樹木は、自分にとって有害な微生物を殺すためにさまざまな工夫を凝らして進化してきたわけです。

　基本的には、樹木は周りの空気にウイルスや細菌などを殺すための成分を放出するという形でそれを行っています。その成分を木精ということがありますが、成分を出していてその成分によって、自分の中に入ってくる、来られたら困るというようなウイルス等を殺しているわけです。このことを発見したのがロシア人でしたので、そういう成分のことをロシ

ア語で「フィトンチッド」といっています。フィトンは植物、チッドは殺すという意味です。つまり「フィトンチッド」という言葉は「生物を殺す」という意味です。林や森の中の空気には、実際にこの成分が豊富に含まれており、そのフィトンチッドが植物に不必要な微生物・ウイルスを実は殺しているわけです。松の木の根元には草があまり生えていないことに気づくと思いますが、これは、松の枝や葉が落ち、その葉からフィトンチッドが多く放出されて土中に染み込むため、草も育たないのです。クルミの木の根元もそうですね。ヒノキのヒノキチオールは聞いたことがあるでしょう。森や林の中は、そういうことで有害な微生物やウイルスが除去されたきれいな空気になっているのです。人間がその中を歩くと、そのフィトンチッドを人間も吸い込んだり肌に触れたりして、人間の中の有害な生物をこのフィトンチッドが殺してくれるのです。

　人間の体の中には微生物やウイルスが数多くいることが今、わかってきていています。そしてそのかなりが人間と共生して大事な役割を果たしているのですけど、同時に人間に必要ではない微生物もいろいろいるわけです。例えば、人が筋肉を使うと、疲労物質である乳酸がたまります。この乳酸を分解しないと筋肉の疲れが取れませんが、その分解には微生物が役立ちます。フィトンチッドには、こうした役割を果たす微生物が多く含まれているらしいのです。だから森や林の中を走ったりする方が、疲れも早く取れる可能性が高いのです。

　そういう意味で森や林が豊富にある自然の中で暮らしている方が、人間の心身の健康度が実は増す、とわかってきたわけです。そこで森林浴が推奨されるようになってきました。今までの研究で、フィトンチッドが人間の自律神経の活動を改善し、血圧を下げ、免疫力を高めること、あるいは呼吸を元に戻す等の効果があることが確認されています。逆に、今の都会のようにさまざまな排気ガスや工場からのガス、添加物が無数に入っている食材の成分が飛んでいる可能性のある空気に日常的に触れていると、それを浄化する仕組みがない限り、人間はその中で暮らすだけで体が少しずつ少しずつ、実は蝕まれる可能性があるわけです。

　先ほど紹介した倉橋惣三は、若いころの初期の論文で、明治の時代に文明が急速に発達する中で、子どもの生命が文明によって蝕まれてい

ることを何とかしなければならない、と最初に訴えていたのです。明治時代に、です。しかし現代の影響はその比ではないのです。

　そういう意味で子どもたちが一日のうち何時間かを自然の中で暮らすことによって、取り込んだ有害成分をも上手に排出できるような、そういう力を自然に委ねて身につけていく。ということが実は二つ目に考えられる効果です。

自然の中で子どもたちが育つべき理由：その3

こっちからのぼるんだよー！

規格外の出会い

　それから三つ目です。自然の中には、わたくしたちの予測がつかないようなものが無限にありますね。例えば、今日は森に行って、何か面白いものを見つけて来ようと、林や森の中に入りますね。でもそこに何があるか、細かにはまったく予測がつきません。

　たまたま小さな池があって、カエルが卵を産んでいた。そういうのもあるかもしれない。「これ何というカエルの卵かなぁ」とか「あれ？こっちの卵とこっちの卵と全然違う」とか、そういうことが森の中ではいろいろ起こるのですが、それは誰かが用意したとかではなくて、そのコースを通った人にだけに起こる偶然の出来事です。たまたまそういうことに出会っただけです。つまり自然の中での出来事は、細かには、すべて

偶然起こるわけです。

　急ごうと思ったら、つるんと滑ってしまった。実は足元の土がぬかるんでいて、そこはうまく走れない。で、そういうことがあった場合、どうやって歩いたらいいか、それを工夫するというテーマも偶然起こるわけですよね。あるいは、木の枝がパシッと跳ねてしまって「イテッ」となってしまう。こういうことも偶然起こります。しばらく行くと、木漏れ日が綺麗なところにきて「へぇ、きれい」となる。木漏れ日の美しさと出会う、

これも偶然です。あるいは逆に少し秋の深まったころに行ったら、太陽が沈んでしまって、あるいは雲に隠れてしまって、風が吹いてくる。それがとっても寒い。「えー！寒い！」となる。これも偶然です。ここから先には道がない、どうしようか。そうしたとき下手すると子どもたち迷ってしまいますよね。そのときどうやったらいいのかということを考えなきゃいけない。これも偶然です。

　自然とは、手を加えないという意味ですが人間の視点から見ると、計画通りや規格通りになっていない世界のことを指します。ここにこんな変な木が生えていた、こんな草が生えていた、こんな動物がいた、もぐらがいた、こんなところにヘビがいた。

　それらはすべて偶然です。人間から見たら。その偶然を不安に思わないで、逆に面白がる。こうやったらうまくいくかも、みたいに模索を楽しむ。そこに坂があるけれど、こっちから行ったら、絶対滑らなくて済む。そういうところを見つける。あるいは木の枝がいっぱい生えていて、バチッバチッと跳ねられて顔を怪我するかもしれないとしたら、その枝のところを折ってしまおうと上手にそれをやりきる。

　つまり偶然が起こったことに上手に対処するということ。そういうことをやらなければ自然の中では遊べないのです。逆にいうと、自然の中で遊ぶというのは、偶然起こることに臨機応変に対処する、そういう力を確実にきたえるわけです。

　以前、ドイツで自然の中で森の幼稚園のようなところで暮らしている子どもたちと、町の幼稚園で暮らしている子どもたちの育ちがどう違う

のかという調査があったそうです。その中には自然の中で育っている子どもの方がコミュニケーション能力が高い、というのがありました（浜田久美子『森の力』岩波新書を参照）。

　これは意外な結果だったのですが、多分自然の中で遊んでいると偶然いろいろなことがあって、「あ、そこは駄目だよ〇〇ちゃん」とか、「〇〇ちゃん後ろ押して」とか、そういうことがしょっちゅう必要になってきて、それを的確に伝えないと一緒に遊べない、楽しく遊べない。だから、

的確にそして端的に要件を伝えるような言葉が、どんどん必要になってくるわけです。でもこれって、コミュニケーション能力の基本ですよね。ですから自然の中で遊んだ方が、意外なことですけども、実はコミュニケーション能力が高くなる。こういうこともデータで出てくるのです。

　以上のことから、三つ目は、自然の中で生活していると、さまざまな偶然と出会い、その偶然起こることを上手にその場の目的に沿って処理していくという力、これが身につきやすいということです。これは社会に出て社会人として活動するときには、必須の能力になります。社会生活は偶然起こることだらけですから。そこで、こうした能力を最近では非認知能力といって、世界中の国々がこの力の育成を教育課題に変えるように大きな教育改革に取り組んでいるわけです。日本も同じです。保育・幼児教育で遊びが大事な学びの場といっているのは、非認知能力が豊かに学べるからなのですね。

自然の中で子どもたちが育つ理由：その4

「なぜ」「どうして」があふれる世界

　四つ目は、自然の中には、実は"問い"が無限に潜んでいるということから来ます。放っておいたら問いにはならない。けれども、よく考えたら「なぜなんだろう？」といったことが実はたくさんありますよね。

　「ミツバチって秋までいるよね。でも、冬はどうしているんだろうね」とか、「ヘビの抜け殻をあちこち見つけることはできるけれど、なんでヘビはこうやって脱皮するんだろう。脱皮って何だろうね」とか、「蝶ってどうしてきれいな模様になっているのだろう？あの模様に規則はないのだろうか？」とか、「マツタケはどうしてアカマツの根っこのそばにしかできないのだろう？」とか…。そうやって問いを持つと、それを調べたくて仕方がないという子どもが出てくる。その子に引っ張られて、じゃあ、みんなで園に帰って図鑑で調べてみよう、とかなる。そして「へぇ！面白い！こんなことがあるんじゃ、明日もっと取ってこよう」「そういうきれいなチョウチョウがいたとしたら、どっかに卵があるはずだよね、どっかにさなぎがあるはずだよね、今度はそれ探しに行こう」とかいろいろな提案が生まれてくる。

　要するに自然の中には「へぇ、なんでだろう？」と思った途端に"問い"になってくる世界、それが豊かにあるわけです。これまでの科学というのはすべて自然の中で起こってきたことを解明するものでした。なんで病気になってしまうのか？なんでこれを飲むと死んでしまうのか？なぜ台風が襲うのか？なぜリンゴは木から落ちるのか？等々。要するに自然の中で起こっていることに対して「なぜだろう」と問いを立てて、それを分析していくことによってある法則性、決まりを明らかにしていくのがこれまでの科学なのです。子どもだって同じです。

　なんでこういう色が綺麗な色に変わるの？紅葉といっても、赤くなるのと黄色くなるのとあるけど、何が違うのだろう？紅葉しないのがあるのはどうしてだろう？「ね、みんなで調べない？」ってね。そんなふうにしていくことによって、受身の姿勢から、どんどん能動的に自然というものを、わかろうとするように子どもは変わっていきます。

　それを"科学する心"ということができるかもしれません。そういう能動的な探求心というものが身につけば、なんでも、「どうしてだろう」「なぜだろう」と考える、そういう習慣ができるようになってくるかもしれません。

　そういう習慣ができれば、マスコミでいわれたようなことをすぐ鵜呑みにするような人間にならないで、「なんでそんなことがいえるんだろう？」「誰かの説を一方的に言っているだけじゃないのかな？」と、根拠をしっかり問う姿勢ができて、それをきっかけに自分で調べてみる人間になる可能性が高くなりますね。批判的精

神です。「ほらやっぱりね、あれは、誰かの説を勝手に正しいと決めつけて繰り返していただけだったんだ」と、きちんと判断できれば、社会の中でも騙されないような人間になっていきます。今の世界を見ていると、それが非常に大事なことだとわかります。その探求する姿勢、それを身につけるきっかけが、自然の中の遊びで、そこで疑問に思うことを大事にするということなのです。これは保育者の姿勢次第でもありますが。これが四つ目の理由です。

　他にも、自然の中で遊んだり暮らしたりすることには、人間にとって重要なことを与えてくれるきっかけがたくさんあると思います。しかし、以上の四つは、私たちが共通に認識しておくべき最低限の事項だと思います。

　東京のような都会ででも、保育の中にどんどん自然を採り入れていくこと、これはぜひ工夫してやっていただきたい。田舎といわれている地域で、豊かな自然があるのに、それを活かしきれていないところも多くあるような気がいたします。

　隣の中国の人と一緒に保育の研究会をしていたら、日本の保育がうらやましいと言っていました。なぜなら、日本では保育の中で外に散歩に出かけることができるからです。これは本当にうらやましいと言うのです。中国ではそれができないそうです。

　そういう意味で散歩に出るってことが自由にできる、そういう安全な環境があることを最大限に活かしていただきたい。近くの公園その他、最大限その自然を活かすような努力をしてほしい。

　それから、小さなに園庭であったとしても、園庭というのはすべからく「ビオトープ」にすべきだと思っています。

　ビオトープの「ビオ」というのは「生物」という意味で、「トープ」っていうのは「場所」ですから、「生き物がそこで共生しながら住んでいる場所」というのが「ビオトープ」です。

　その生き物の中には、木もあれば、草もあれば、花もあれば野菜もある。あるいはときどき水があって虫がいて。ときどきカエルも来る、チョウチョウも来た、トンボも来た。そういうことを、子どもたちはいるだけで体験できる、観察できる。できるだけ小さな園庭であってもそういう場所にしていってほしい。園庭というのは、庭ですよね。やはり本当に子どもたちにとって必要な庭というのはビオトープです。今多いのは「園庭」ではなくて、「遊戯場」ですよね。遊戯場というのは走るところ、遊ぶところです。そういう場所も必要でしょうが、遊技場の中にビオトープがある、そういう園庭にすることが今求められているのだということを知ってほしいと思います。この本をきっかけにそういうことをぜひ考えていただければと思います。

photo by 鳩の森愛の詩瀬谷保育園

2章　……　まち全体が保育資源の宝庫〜環境心理学の視点から〜　……　031

2章 まち全体が保育資源の宝庫
～環境心理学の視点から～

横浜市立大学大学院
都市社会文化研究科教授

三輪 律江（りえ）

環境心理学の視点から保育を考える

　私の専門である建築学や都市計画学においてのまちづくりとは、一般的には住宅や施設のようなまちのベースとなる空間、いわゆる"ハコ"の設計や、公園、道路などの都市インフラをつくることを指します。

　しかし、つくるにあたって「誰がそれを使うのか」ということを念頭に置く必要があり、私が"誰が"を捉える上で重要視しているのが"胎児期・乳幼児期・学童期・青少年期の各子どものライフステージ"とまちとの関係になります。

　また、まちをつくるにあたってもうひとつ重要な視点としたいのが"環境心理学"の視点です。

　環境心理学とは、人が場に対して、「どんな風に思っているのかな?」「どうアプローチしてくるのかな?」というようなことを、実際に観察調査などの結果を踏まえながら「みんなにとって快適となる空間をつくるにはどうしたらいいのだろう?」等といった疑問を解明する学問です。潜在的に人の行動や心理を読み解いて、それをセットアップすることによって、うまく人の行動を誘導したり、あるいは場をうまく使いこなしてもらえるようにしていくのが環境心理学の発想になります。

　保育において、建築や都市計画、環境心理学は一見関係ないように思えるかもしれません。

　ですが、保育の現場である園を包括するまち（地域）に存在する、人的資源の行動パターンや傾向を紐解くことは、子どもの専門家視点の捉え方とは別の視点や広がりとなり、保育における課題へ一石を投じること、そして解決の前進につながると考えています。

「まち保育」ってなんだろう？

「保育」そして「まち保育」って？

　【保育】とは、「乳幼児期を適切な環境のもとで健康・安全で安心感をもって活動できるように養護するとともに、その心身を健全に発達するように教育すること」（ブリタニカ国際大百科事典　小項目事典より）です。ここから「保育」とは、乳幼児期の子どもを「養護」し「教育」すること全般を指し、保育施設・教育施設で保育士さんが行う専門的な行為だけではないことが読み解けると思います。

　その「保育」を実践する中で、「まち」の中にあるさまざまな資源を保育に活用することは、子どもたちの生活をより豊かになるはずだというのが【まち保育】の考え方です。つまり単なる園外活動の行為だけを指すものではなく、まち（地域）にあるさまざま資源を保育に活用して関係性を広げていくことによって、「子育ち」「親育ち」を地域社会である「まち」でも担える土壌づくりをすることを意味しています。

なぜ「まち保育」？　〜「子どもがまちで育つ」という考え方〜

　私は建築・都市計画、まちづくりにおいて環境心理学を用いて、乳幼児期の子どもたちとその世代が集積している場と、まちとの相互関係に着目し、調査・実践を行ってきました。

　その結果、子ども目線でまちのいろいろな場所を使うことによって、多様な人との出会いが生まれ、関係性が広がっていくことが分かりました。場や機会を閉じて子どもを囲い込まず、「開く」ことで身近な地域社会である「まち」で子どもが育っていく。まさに「まち」での養護教育、つまり保育を実践できるというエビデンスと、都市計画においての使い手のメインを子どもに据えることの重要性から「まち保育」という考えが生まれました。

子どもを取り巻く環境の変化にともなった「まち保育」の大切さ

　以前の子育てといえば、「まねる」ことからはじまっていました。子育て本のような教科書通りだったり、何かに教えてもらうというよりは、ごく自然に周囲の子育てをまねて親も子も成長していきました。

　親として、「もしかしたらこのやり方が正しいかどうか分からない」といったときに「あぁ、こんなやり方もあるんだ」と周りを見ることで気づく。バラエティがたくさんあるということは、正解はたった一つではなくて、

2章　……　まち全体が保育資源の宝庫〜環境心理学の視点から〜　……　033

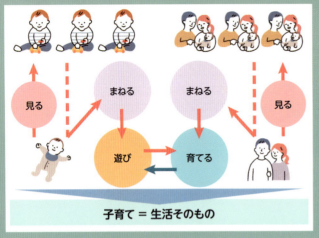

NPO法人孫育てニッポン理事長・ぼうだあきこ氏より

いろいろあるということになります。

一方で子ども自身も自分と同じ世代、同じくらいの背格好の子と一緒に遊ぶ中で、「あそこまでできる」や「あそこまで大きくなったら、こうできる」といったことを感じられる環境がありました。

親と親、子どもと子ども、それぞれお互いがまねることによって、遊びだったり、子どもへの関わり方だったり、「子育て」を安心しながらやっていけた状況が過去にはあったわけです。

ですが近年の少子化や核家族化の進行で、周囲にそういう人や環境といった資源が無い状態になると、親も子も、見たりまねたりする対象が不足します。周りにまねる対象がいない場合、保護者はどうするかというと、「子育て」を「学び」はじめます。

学ぶことは決して悪いことではないですが、もしそういった学びから得たものが唯一無二の正解だと思ってしまった場合、それだけに執着し、その正解に至らなかったときに自分自身や子どもを責めてしまう恐れが生じます。

「できないうちの子」「できないわたし」がダメだと、自分自身で自分に評価をくだしてしまう。そういったジャッジメントが子育てしづらくする要因の一つではないでしょうか。

子育ての正解は一つではないのですが、あたかも一つの正解に向けて突き進まなければいけないような妄想にとらわれてしまうのが今の子育ての現状課題だとすると、まちづくりにおいて"群れやすい環境"、たくさんの"まねる対象に出会える環境"、つまり「子育てにはバリエーションがある」という気づきを得られるような「しかけ」を投入する必要があると考えています。

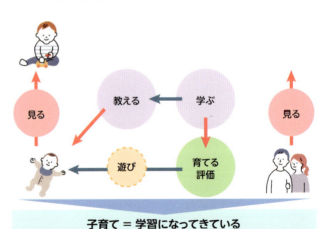

NPO法人孫育てニッポン理事長・ぼうだあきこ氏より

034　園外・まち保育が最高に面白くなる本

子どもを育む環境としてのこれからのまちづくりの課題

地域社会で「群れ」て「まね」る子育ちの観点

① 男女の役割分担が色濃い住宅地開発 (住宅政策) から、
男女がともに働き群れた暮らしをするための居住政策へ

　これからの子育ては、時代のうつり変わりとして先に述べたように、核家族化や夫婦共働きなどによる家族の変容にともない、各々の家族で行う私的領域から地域全体で行う公的領域の時代になってきました。

　「子どもの育ち・親の育ち」には「群れとまねが欠かせない」といわれる中で、地域社会で群れてまねる「子育ち」というものを、どう捉えるのかという観点がこれまでのまちづくりにおいては、軽視されてきたという現状があります。

　例えば高度成長期の住宅地は男女が一緒に働いて群れた暮らしをするというかたちで開発はされてきていません。つい 20 年くらい前までは、特に都市部においては郊外に住宅をつくり、働く人は都心に行くという職住分離が主流でした。より具体的にいうと女性が子育てをするのは郊外の住宅で、といった職住分離の住宅地開発を住宅政策の中でずっとしてきたのです。

　現在は男女の役割の考え方も大きく変わり、共働き、核家族というものが都市部においてはスタンダードになってきているので、それをどのようにまちづくりに反映していくか、ということが近年の大きな課題と捉えられるようになりました。

② 複雑化し分散した子どもたちが集団で過ごす場

　現在、子どもたちが集団で過ごすという場が幼稚園や保育所、認定こども園や小規模保育、学童保育など多種多様になったことで分散し、その場自体がものすごく小さな点になってしまっています。

　子育てが終わり、自身が乳幼児期の子どもに関わることが少なくなったまち側の住民からすると、保育の場がとても複雑で難解、且つ見えにくくなっている。そのことは大きな問題といえます。

　一方で、特に子どもにとっては遊び相手が見つけられない、他者とふれあう機会が減っているという現実があります。遊ぶことはバーチャルな世界でもリアルの世界でも同じで、一人ではやはり限界があります。以前であれば、外に出れば誰か友だちと会って、そのまま公園に流れ込む、というようなことができたでしょう。しかし現代では、気の向くままに遊びに行くというよりは、保育所や学童といった決まった施設に直行する子が

2章　……　まち全体が保育資源の宝庫〜環境心理学の視点から〜　……　035

多数かと思います。もちろん、そういった施設で過ごすことは、一人でポツンといるより親も子も安心ですが、単目的の施設では、流れで名前も知らない別の世代の子と遊ぶ、友だちの友だちと一緒に遊ぶというバラエティ豊かで広がりのある他者との交わりがむずかしくなるのも事実です。

　単目的施設の新設は財政的にたくさんつくれるものではないことから、民の力に委ねられる傾向にあります。そういった中で、例えば空き家や空きビル、公園や空き地など、限られた地域資源を活用して子どもたちの居場所をどうつくっていくのか、誰がどのように企画・管理・活用していくかといった官民連携でのまちづくりの観点には、子どもの主体性の構築も必要となります。

―「子育ち」支援の視点をもった施設づくり

　近年まちには、子どもだけで集積する施設、例えば小さな保育所や学童のような場が増えたと印象をもつ人が多くなったのではないでしょうか。駅前などは特にそうかもしれません。ただそれは、どちらかというと保護者のための子育て支援的な福祉サービスという発想に基づいているように思います。そこに住む子どもたちがその後、誰と出会い、どのように育っていくのか。いわゆるその場が、子育ちを支援する場であること、そして将来的にそのまちの担い手になっていく子どもたちが集っている場であるという視点が欠如しているように思います。

　福祉の領域においてはそれでいいのかもしれませんが、まちづくりの領域においては、そこを利用する子どもたちは、将来まちの担い手になっていくことを前提にした施設づくりをしてほしいと考えています。

　現在子どもたちの集積するそういった場は、独立した小さな点として散らばり、その点と点が結ばれまちに根ざしていない状況です。将来まちの担い手となる子どもたち、という視点からそういった場を考えた場合、子どもの世代だけをスクッと抜くのではなく、違う世代やいろいろな目的をもった人々が集う中で、出会いやつながりが広がっていく場にデザインしていくことが重要となってきます。

― 子どもを主体として捉える視点と、子どもが主体的な居場所となる空間の不足

　表「胎児期から成人にかけてのライフステージにおける子ども施設インフラ」は、胎児期から成人にかけての子どもの場の種類を示しています。

　この表から、0歳児～6歳児までの「親子で一緒に過ごす場」と「子どもだけで過ごす場」が実に多様になってきていることが読み解けます。ただ、学童期後半から中・高生の居場所が極端に減っているということも分かると思います。中・高生の居場所論というのも、実はものすごく大事な話になりますが、ここでは割愛します。

		胎児期	0歳	1歳	2歳	3歳	4歳	5歳	6歳	学童期前半	学童期後半	中学生	高校生	成人へ
親子で一緒に過ごす場	産科・産院・助産院	●プレママ・プレパパ教室 等												
	子育て支援事業	●地域子育て支援拠点 ●つどいの広場 ◎子育てサロン ◎児童館のキッズコーナー 等												
子どもだけで過ごす場			●一時預かり事業 ●ファミリーサポートセンター(子育てサポートシステム)等											
	教育・保育施設等		●保育所 ●認定こども園							●小学校・中学校 (義務教育)			●高等学校等	
			●地域型保育事業 (家庭的保育・小規模保育・事業所内保育・居宅訪問型保育)			●幼稚園 ●預かり保育				●放課後クラブ ●学童保育等				
	その他 (認可外)		●地方自治体独自の基準による保育施設(東京都認証保育所、横浜市保育施設等) ●企業主導型保育事業 ●その他の認可外保育施設							●児童館 ●中高生フリースペース等				

胎児期から成人にかけてのライフステージにおける子どもの施設インフラ(筆者作成)

　子どもが集う施設インフラの制度は年々変わっており、もちろん来年以降も変わってくる可能性が大きいものです。ただ、多様になってきているといえ、内容としては先に述べたように「福祉サービス」としての視点が強く、必ずしも「子育ち支援」の視点でつくられているわけではありません。家庭に見守る保護者や大人がいないから行く施設や受けるサービスは、子どもを客体として捉えがちです。そういった子ども主体の場ではない施設（点）を、まちのなかで子どもの主体性を育む環境として転換していくことが、これからのまちづくりの課題のひとつです。

　また、まちにいる子育てが終わったシニア世代から見ると、どんどん多様になっていく子どもの場というものがなんだかよく分からない…ということになるかと思います。まちづくりの受け手の一員となるシニア世代が、多様な子どもの集積の場について正確な知識が得られづらいことも問題となります。

2章 ‥‥‥ まち全体が保育資源の宝庫〜環境心理学の視点から〜 ‥‥‥ 037

③ 子どもの育ちを軸にした助け合いの場のつくりこみ

　暮らしの中には表裏的な外側と内側からのケアが必要です。保護者自身のケアもそうですが、自身の親や子どものケアも互いに助ける"互助"がないと暮らしは存続していきません。その補助をするための「まち」の構造は、職住分離という働く大人と子どもの生活が分離した住宅政策をしてきたものからは抜け落ちています。

　夫婦共働き・核家族といったライフスタイルへ変容している現代では、子どもの育ちを軸として、多様なライフスタイル・ライフステージにあった〈個人〉〈家庭〉〈仕事〉そして〈ケア〉も加わったバランスのとれた「生活者」でいられ続けるまちづくりが必要となります。

　そのためには、先に述べたように、空き家・空きビル、空き教室、公園、道、公開空地などのまちの資源をシェアしたエリアマネジメント、そして住む－働く－暮らすーといった連続した場の互助の再想定が求められるのです。

ー "地域で子育て"の受け手となる「地域」って一体だれのこと？

　教育現場でも、家庭、地域社会、学校の連携が謳われています。

　2006年に改定された教育基本法・第十三条には「学校、家庭及び地域住民その他の関係者は、教育におけるそれぞれの役割と責任を自覚するとともに、相互の連携及び協力に努めるものとする」とあります。相互の連携・協働のもとに学校づくりと地域づくりを進め、一体となって子どもたちの成長を支えていくことが必要だと示されています。つまり、学校づくり・次世代育成・まち育ては別々で取り組むのではなく三位一体で、ということです。

　しかし、"地域で子育てをする"と謳われてはいるももの、受け手となる地域の当事者は、既出の法律や指針など文言上では耳にしますが、大多数がピンと来ていないのが実状ではないかと思います。

　自分に子どもがいる、あるいは孫が同居もしくは近所に住んでいるという人は、実際に現在進行形で子（孫）育てをしているので、"地域で子育てする"という言葉がすとんと腑に落ちるでしょう。しかし、現在子育て当事者ではない人、子も孫も身近にいない高齢者などは、"地域で子育てしましょう"といわれても、自身がそれをできるかどうか、その担い手として期待されているかどうかのイメージが湧かない。地域で互助すること自体は否定をしなくとも、何をしていいのかが分からない、そもそも子どもと接していない自分になにができるのかといった当事者性が不明瞭となっています。そういったまちづくり側の問題点は押さえておくべきポイントです。

038　園外・まち保育が最高に面白くなる本

子どもの成長段階別「まち」のかかわり方

まちづくりの課題を考えるとき、そもそも子どもはどのようにまちとかかわっているのか、という観点が必要になります。

ここでは、いくつかの自治体で実施してきた調査結果に基づく表や地図から、子どもの成長段階別のまちのかかわり方について見ていきましょう。

まずは乳・幼児期です。乳幼児期の子どもの動きは、ゼロ歳から3歳児頃までの間に、寝転ぶ段階からおおよそ1か月単位で細かく変化していきます。そして乳幼児期は保護者と子どもは必ずセットで動きます。子ども単独では出かけられないからです。それによって実は保護者も無意識に、行く場所を変えているということが調査で分かってきました。

全体として明確だったのは、なによりもまず「家から近い」ことが重要視されていることです。"子どもが急になにかしちゃった"、あるいは"ぐずり出した"とかいろいろな突発的なできごとが起こったときに、サッと行き来できることで「家から近い」が全体の1位となっていました。

ですが、他を細かく見ていくと1歳半未満と1歳半以上で観点がガラッと変わります。

保護者のペースで動ける1歳半未満と、自我が芽生えてきた1歳半以上の子と一緒にでかけるのとでは、観点が変わるのは当然といえるでしょう。

《1歳半未満の子を連れて行く場合の観点》
◎行先におむつ交換など子どもが横になるスペースがあるかないか
　もしくは行く途中にあるかないか等に加えて家から近いところ

《1歳半以上の子の場合》
◎家から近く、同年代の子が多い場所

このように自我が芽生えはじめた1歳半以上の子どもと出かける場合は、"今この子がどういったことをしたいのか"とか同じ年代の子と一緒に遊ばせてあげたいといった子ども目線で行く場所を考えようとする観点が出てきます。

乳幼児期の親子で出かける際の選択基準ベスト10

	全体	％	1歳半未満	％	1歳半以上	％
1位	家から近い	31.5	おむつ交換、横になるスペース	50.0	家から近い	33.1
2位	おむつ交換、横になるスペース	27.3	家から近い	29.4	同年代の子どもが多い	25.0
3位	子どもの大声が気にならない	21.4	子どもの大声が気にならない	22.5	無料で利用	23.5
4位	清潔	20.2	清潔	19.6	清潔	20.6
5位	同年代の子どもが多い	20.2	親も子どもも一緒に楽しめる	19.6	子どもの大声が気にならない	20.6
6位	親も子どもも一緒に楽しめる	19.3	同じ育児中の人がいる	13.7	幼児用遊具の充実	20.6
7位	無料で利用	18.5	同年代の子どもが多い	13.7	親も子どもも一緒に楽しめる	19.1
8位	幼児用遊具の充実	14.3	無料で利用	11.8	トイレや水飲み場などの整備	15.4
9位	トイレや水飲み場などの整備	13.9	トイレや水飲み場などの整備	11.8	子どもが自分で遊べる	13.2
10位	動物や植物と触れ合うことができる	10.5	自分たちのペースで過ごせる	8.8	動物や植物と触れ合うことができる	12.5

色凡例

設備・機能
環境
立地・アクセス
利用形態
利用者
過ごし方

三鷹市、2003年度調査より（筆者作成）

乳幼児期の「運動敏感期」単なる「歩く」から「歩くために歩く」の実現に向けて

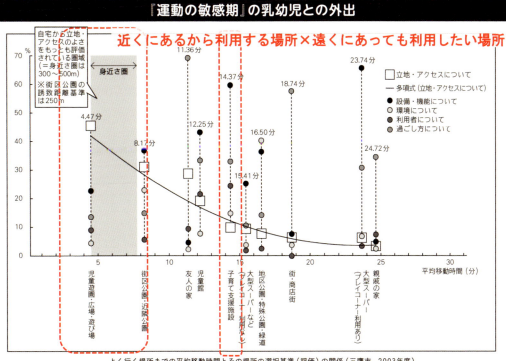

よく行く場所までの平均移動時間とその場所の選択基準（評価）の関係（三鷹市、2003年度）

出典：『まち保育のススメ－おさんぽ・多世代交流・地域交流・防災・まちづくり』（萌文社、2017年）

　さて、居住地と出かける施設との関係を、それぞれの場への平均移動時間とその場所を選択した基準について整理したのが上記「『運動の敏感期』の乳幼児との外出」になります。
　横軸がその場所までの平均移動時間を示し、縦軸はそこへ何を評価して訪れているのかをあらわしたグラフになります。そして□が立地・アクセスで、それに多項式をつけています。
　当然ながら、遠くになればなるほど、□の立地・アクセスの評価は下がっていきます。
　注目すべきは、自宅からの立地・アクセスがもっとも評価されているのは、児童遊園～街区公園までで、移動時間でいうと5～7分くらいです。それくらいの時間であれば、近いから行っている、ということになります。街区公園は、都市公園法によれば、約250メートルに1か所程度の立地で整備する方針があるため、住民にとっては比較的身近に存在する場であり、気軽にアクセスできることを裏付ける結果ともいえます。なお、駅前のような業務集積エリアは住宅地でないため街区公園はそれほど多くはありません。

2章 …… まち全体が保育資源の宝庫～環境心理学の視点から～ …… 041

また子育て支援センターは、行けている人でも平均 14.37 分。立地アクセスとしての評価は最下位ですので、立地・アクセスとしてより例えば設備や環境の良さ、他の利用者がいる、良い過ごし方ができるなど、別の評価が上回って "わざわざ" 訪れていることになります。

　これらのことから、**行動圏は「近くにあるから利用する場所」「遠くにあっても利用したい場所」という二層構造**になっていることが分かるでしょう。実際、親が子どもをどこかへ連れて行こうとする場合、バギーに乗せる、もしくは親自身が抱っこして移動することになるので、そうなるとやはり、なにかあったらすぐ帰れるような、なるべく近い場所が良いということになります。片や、子育て支援センターなどは、意気込んで準備をして行く場所になっていることが理解できると思います。

　では、そのなるべく近くて気軽に行ける場所（＝身近さ圏）、というのは実際距離に換算するとどのくらいになるでしょうか。

　一般的に大人の普通の歩行速度（不動産情報に掲載されている「駅から何分」の根拠）は1分間に 80m、つまり分速 80m 換算になっています。一方、乳幼児の歩く速度はどのくらいかというと、およそ身長（m）と同じくらいの秒速といわれています。

　例えば身長 80cm くらいの子どもだと、秒速 0.8m。それを分速に直すと 48m（0.8m/s ＝ 48m/m）。つまり大人の分速 80m と比べてとても遅い、ということが分かります。少し速めとって、分速 60m としても、身近さ圏 5 ～ 7 分は距離にして 250 ～ 300m 程度となります。

　つまり小さい子どものペースに合わせて歩いてパッと行ってパッと帰ってこられる距離というのは、片道 300m という計算になるので、実はものすごく狭いということになります。しかしこの 300m 圏というのは、乳幼児にとって大事な生活圏であり、この小さな範囲こそが、実は彼らにとっての最大の世界だと考えられます。

　その半径 300m 圏を都市計画的に捉えてみていくと、先に述べたように、住宅地においては公園整備のガイドラインが約 250m に1か所となっているので、公園は乳幼児の身近さを実現できる場であることが分かります。

　一方で、小学校区はおよそ半径 500m 圏といわれていて、乳幼児の身近さ圏より一回り大きい範囲です。また、国がすすめる地域包括ケアという地域介護の設定範囲は中学校区程度、約半径 1km 圏とされています。これらと比べると、乳幼児にとっての最大の世界と考えられる半径 300m 圏は、とても狭いということが分かります。以上の数値をおさえておくことは、まちに存在するスケール感やテリトリー感を知るということになります。

　そして 6 か月から 4 歳半の時期は子どもの自我が芽生え、子ども自身が「歩くことを楽しむ時期」になります。そういった**「運動の敏感期」**ともいえる 6 か月から 4 歳半の時期の子どもたちにとって、「歩く」ことは生活に必要な運動能力を獲得するのにとても大切な行為になり、**「歩くために歩く」の実践期と捉える**必要があります。

　一方で、この時期はまさに子ども目線で行く場所を考えようとする時期でもあり、歩きたい子どもとそれを実現させたいけれど、日々の子育てに追われる保護者はその間で揺れ動く時期でもあるのです。

子どもの成長別の行動圏パターンと　地域とのかかわりから捉えるまちづくりの課題

　横浜の 4 か月と 3 歳児を持つ女性を対象に子どもとの行動を調査したところ、行動圏が「近くにあるから利用する場所」「遠くにあっても利用したい場所」という二層構造になっていると先に述べました。その行動圏のパターンから詳しくみていくことによって、地域資源との関係性を紐解くとができます。

　次頁の表は子どもの成長別（月齢別）行動圏のパターンの割合を示したものです。

　この表から、4 か月児の行動圏は①の『数・種類が豊富、選択の軸が商業施設寄り、行動圏がコンパクト〜中程度』、3 歳児は③の『数・種類が豊富、選択の軸が公園寄り、行動圏がコンパクト』の割合が一番多いことが分かります。まだ歩けない 4 か月児は親目線での行動圏、自我が芽生え歩けるようになる 3 歳児は子ども目線での行動圏ということが、この調査からも読み解くことができます。公園を中心に、親が子ども目線で一緒に動くことが起こってくるので、行動範囲がよりコンパクトになるという差異が出てきます。

　このことを頭において、各行動圏パターンと近隣地域との付き合いの関係や定住志向などをみてみると興味深いことがわりました。

　例えば、とても狭い行動圏の中で、いつも同じ公園、同じ商業施設といった画一的な行動をしているタイプの人は、同じまちにいる時間は長いものの、近所付き合いが薄い傾向にあるという結果が出ています。

　また、行動圏と定住志向との関係の分析からは、行動圏が大きく自分の居住地の外ばかり行っている人たちは、自分たちのまちのことをあまりよく分からない状態になるので定住志向が低い傾向になっていることが分かりました。

　このことからも、希薄になりがちな近所付き合いの再構築と定住志向をなるべく高くするためには、できるだけそこのコミュニティの中で子どもが育っていくという前提でまちづくりを考える必要があります。そのためには自分の自宅周辺エリアで「楽しさ」や「バラエティ」みたいなものを知ってもらう、まちの楽しみ方を伝えるというのが課題だと考えています。

　つまりまち保育の展開でいえば、「まちで育てる」ということをすることによって、まちに住むあなたにとってもいいかもしれないことを伝えることになり、その先に、実はそのまちで住み続けたい、ということにつながるとも考えています。

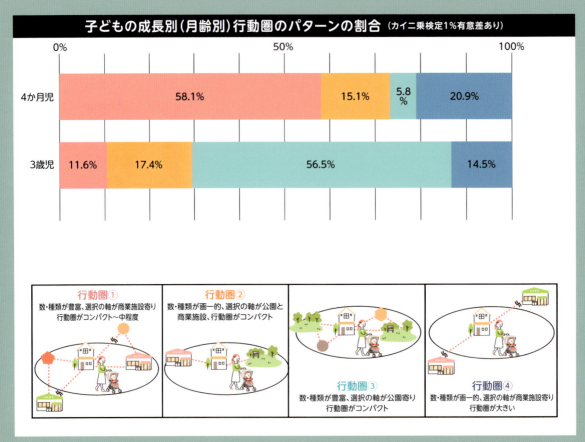

居住地と子どもの育ちの関係は　保護者自身の安心醸成に

　ところで千葉大学の花里先生の研究チームが出しているエビデンスに「遊び場の多い小学校区に住む母親ほど産後鬱になりにくい」というものがあります。もちろん、その場所があるだけではダメで、そういった遊び場が多いというまちのことを知っていることが重要になります。

　建築・都市計画の領域において、このまちでなら安心して産み、子どもを育ててもいいと思わせる環境が無い限り、そこで何年も住もう、次もここで産みたいということにはなりません。そして、その「まちを知る」ことと、そのまちの子どもたち育ちの場としてのインフラが、どう整っているかということは、やはりそこで安心して子どもを育てていけるかどうかに関係していくと考えられます。

　周辺に知り合いや多様な居場所を持っている人は、定住志向があることは先に述べましたが、このことからも、子育て支援とまちづくりは関係ないのではなく、むしろより関係するべきだと考えられるのです。

ライフステージでの行動圏の変化と互助生活圏

　人は一生のライフステージのうち、自分が子どもの時、自分が親になって子どもが生まれた時、そして自分がシニアになった時の3回、どうしても生活圏が小さくなる時期があります。

　このライフステージの中で行動範囲が狭くなる3回は、地域と密接にならざるを得ない時期ともいえます。

　長時間狭い中で暮らすことになるので、とても濃厚な時間となります。実はピンチはチャンスで、人生において地域と関りを深めるチャンスと捉えることができます。

　乳幼児の子ども、そしてその保護者、さらにシニアは、同じ時間、まちという空間をシェアしている同志でもあります。そして、子どもの成長を主軸に地域で見守り、ケアする包括的社会を捉える上で、乳幼児生活圏は子育て支援を"する―される"の関係ではなく互助の関係性が構築できる身近な生活圏（「互助生活圏」）として捉えることができるのです。

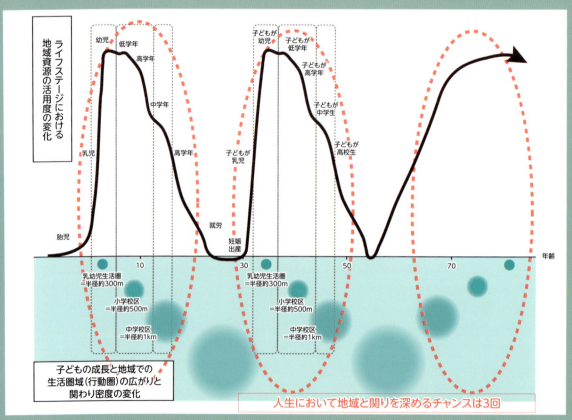

046　園外・まち保育が最高に面白くなる本

「まち保育」の実践
～園と地域がつながるツール「おさんぽマップ」～

保育施設の園外活動の実態と課題

　2007年の横浜市のアンケート調査から、駅前などの都市部での保育施設は、小規模保育施設が多く、マンションの一室を保育施設として運営している場合が多く存在していることが分かっています。

　それらは立地的に駅前の商業エリアに多く存在します。それは保育人数も少なく、ゼロ歳くらいの子たちが多く通園しており、園庭が無い、もしくはすごく小さくてもいい、と緩和されていることが多いです。預かりの観点からいうと、保護者が就労場所への通過点となる駅前に子どもを預けて向かえる利便性にすぐれた場所ともいえますが、一方で駅前というのは住宅エリアではないため、公園は少ない都市環境にあります。

　では、園庭が無かったり、狭かったりするこのような駅前の保育施設はどのような保育をしているのでしょうか。

　園外活動に注目して調査を行った結果、園庭が狭い、または無いといったマンション等の一室にある併設タイプの保育施設は、日常的にいろいろなところへ出て園外活動を行い、周辺地域の公園や道、商店街等を園庭代わりに利用していることが分かりました。

　対して、独立した戸建ての施設には園庭もあり、通う子どもも多いため集団でどこかへ行くのが大変なので、地域の人たちを迎え入れることのほうが多く見られる、という違いがはっきりと出ていました。

　一方幼稚園は文教施設のため近隣の小中学校とつながっていることが多く、どちらかというと公園などに出かけるというよりは、施設に迎え入れる側のほうが多いという結果がでました。

　そして、園庭が無い、もしくはとても小さい小規模保育施設は全体の80％以上の施設で、ほぼ毎日園外活動を行っていたのですが、そのことがあまり地元の地域側には知られていないということも分かりました。

　では、どこで園外活動をやっているのかというと、公園のみならず、商店街や道なども保育の狙いに対して活用しているという回答が得られました。

　具体的には、まち中のいろいろな資源を園児の発達具合を見ながら、保育士さんが決めていきます。例えば4月の段階と翌年3月の段階では、子どもの成長はまったく違います。そういったときに、「どこ」で「何を」して「どうする」か、を見極めながら選びます。園庭のある施設だと、たまのイベントとしての遠足などで園外活動を行う程度です。そういった意味で、園外活動というのをものすごく多様に捉えてたのは、むしろこういった併設タイプの小さな保育施設が多かったというのが実際です。園の中ではできないことを園外に求めるため、地域資源の見方のバリエーションが非常に豊かだということです。

　その園外活動が豊富な併設タイプの多くの保育施設で活用していたのが『おさんぽマップ』となります。

保育の実現のための「地域に出向く」「地域から来る」の関係も施設により多様であることの理解(保護者的立場(生活圏))

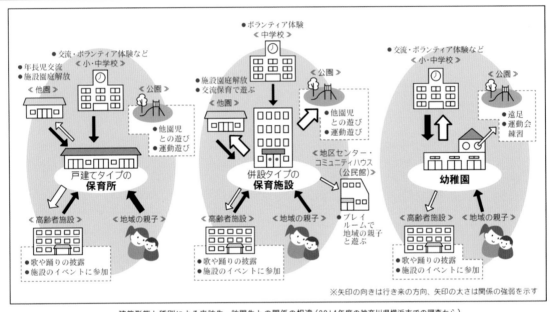

※矢印の向きは行き来の方向、矢印の太さは関係の強弱を示す

建築形態と種別による来訪先・訪問先との関係の相違(2014年度の神奈川県横浜市での調査から)

出典:『まち保育のススメ―おさんぽ・多世代交流・地域交流・防災・まちづくり』(萌文社、2017年)

子どものワクワクスポットの見える化「おさんぽマップ」

　併設タイプの保育施設で活用していた「おさんぽマップ」。そのマップを収集して分析してみると、いろいろなことが見えてきます。

　まずはマップのコメントに関するものでは、大きく分けて以下の4つの特徴がみえてきました。

❶ コメントありのマップ（多かったり少なかったり）
❷ コメントなしのマップ（場所やルートのみ）
❸ 注意事項コメントが主のマップ
❹ 挿絵やコメントが入ったマップ（絵地図が多い）

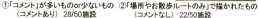
マップ上のコメントに関する4つの大きな特徴：

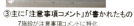

①「コメント」が多いものor少ないもの（コメントあり）28/50施設
②「場所やお散歩ルートのみ」で描かれたもの（コメントなし）22/50施設
③主に「注意事項コメント」が書かれたもの　7施設が注意事項コメントに特化
④「既存のマップ」or「手書きのマップ」　手書きは挿絵も多くコメントも多い傾向。

　次に、マップに書かれたコメントを表にあらわすと次のような交流があることが見えてきました。

　例えば、「道路などではここに配慮する」などの注意事項をマップに書き込むのは想像しやすいのですが、注目すべきは畑や商業施設などから「電車の運転手さんが見える沿線」はどこで、そこで「何が起こるか」「何をするか」のような行為・やり方が地図上に書いてあったりします。さらには子どもたちの反応なども。

　具体的には、お散歩にいくときに線路の向こう側にわたる陸橋が1本、2本、3本ありますが、その2本目のここをいつも通ることが分かるようにピンポイントで2本目の陸橋の位置にぐるぐるっと目印が書かれていて、コメントに「手を振る」と書いてあるのです。

　それはどういうことかというと、沿線をお散歩中に電車が入ってきたら、必ず子どもは「ワーッ」となって手を振りますよね。で、1本、2本、3本ある陸橋のうちの「ここ」なら運転手さんが手を振り返したり警笛を鳴らして応えてくれる。でも1本目と3本目の陸橋では応えてくれない、ということが意図されている訳です。運転手さんのいろいろなタイミングがあるけれども、何回も手を振った中で、どうもここが一番応えてくれる場所だ、と先生たちは分かってきます。そこがお散歩のホットスポットになるわけです。そういう毎日くり出す園外活動の積み重ねの中で、お散歩のホットスポットを、地図を通して園内で共有されていることが分かりました。

　地図上のコメントには、もちろん「ここは危ないから気を付ける」といったことも書かれている一方で、子どもがとてもワクワクすることも書いてあります。分析の結果、そのまち自体が乳幼児期の子どもたちにとって「こんな風に楽しめて、こんな風に見えているよ」と子どものワクワクが地図上で見える化されている、ということが分かりました。

お散歩マップからみる地域活用の様子

件数 ○ ○ ○
     1 2 3

それぞれの場所での交流コメントがあった施設数

中学校	他保育園、幼稚園	小学校	商業施設	老人福祉センター	畑、田んぼ	保育施設近隣	施設等利用時	店	通路	電車の運転手さんがみえる沿線	消防署
1	1	2	1	1	2	5	2	3	1	2	3

①配慮する
②手を振る、ふってくれる　応えてくれる
③声をかける、かけてくれる・挨拶する
④一緒に遊ぶ、使う
⑤乗せてくれる
⑥交流
⑦会うのを楽しみにしてくれている
⑧見せてくれたりものをもらう
⑨イベントに参加
⑩買う
⑪エサをあげる

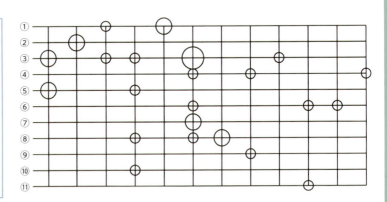

人的地域資源と交流状況の関係（筆者作成）

園が抱える地域への不安と課題

　一方で、調査の中で「地域と全然つながっていないから不安です」という声も多々出てきました。保育施設はまち側からみればいわゆる事業所です。住民による地縁組織の自治会・町内会に属すきっかけや必要性が見いだせないと属することもできず、結果、地域とつながりにくい、というのは当然あがってくる声だと思います。

　昔からある大きな保育園は、園関係者が地縁もあったりするので自治会・町内会とかかわりやすいですが、先ほどのような、駅前のマンションの一室にあるような保育施設は、まち側からみて施設だという認識がされにくく、園側からもどこの誰が町内の方なのかが分からないという状態が多く見受けられました。

　実際、表に記された不安と課題の調査を行った当時は、自治会・町内会加入率ほとんどありませんでした。しかし、調査後に発災した東日本大震災以降では、70%ぐらいまで加入率が上がったようです。民間施設であればあるほど加入する傾向にありますが、それでも入らなければいけない義務はなく、事業所としては自治会・町内会に入らなくてもまちに存在できます。

　つまり多くの施設はまち全体を園庭のように使っていますが、一方で地域の人との交流がなく、情報共有ができない。防災の観点からも、地域とのつながりが重要と考えているけれども、きっかけがない、といった声が多く、新設の小さな保育施設ほど大きな課題となっています。

実践！「おさんぽマップ」ワークショップでつながる園と地域

　保育施設での「地域とどうやってつながるか」という課題解決の策として、「おさんぽマップワークショップ」を実施しました。開催までの流れは以下の通りです。

まずは
❶ 自治会・町内会に加入してもらう
❷ おさんぽマップワークショップ告知ちらしの作成
❸ 自治会・町内会経由で掲示・募集
❹ ワークショップの実施
❺ ワークショップのまとめを作成しニュースレターとして各所へ報告

という、告知→実施→報告のサイクルを所属する単一自治会・町内会単位レベルで行いました。

　子どもたちのお散歩範囲は自治会・町内会程度と非常に狭いです。先に出た半径300mの乳幼児生活圏と同じくらいです。なぜなら登園後の9時半から出かけ、昼食前11時半には戻ってこなければならないからです。

2章 ・・・・・ まち全体が保育資源の宝庫～環境心理学の視点から～ ・・・・・ 051

約2時間の間、ただウロウロするわけにはいかないですので、目的地を設定しながらこまめな休憩をして散歩します。そうなると、それほど遠くには行けないということになります。

ワークショップ実施風景【2時間〜3時間】

〜おさんぽマップワークショップの基本的な流れ〜

ワークショップは次のような流れで実施しました。
① おおよそのお散歩範囲を網羅した住宅地図等、インスタントカメラ、記録用メモ等を「まちあるきキット」として準備
② 実際に地図を確認しながらグループに分かれてまちあるき
③ 帰ってきてグループごとに撮影した写真やコメントを地図にまとめる作業
④ グループごとに発表し全体で共有

上記の流れを2時間〜3時間くらいの時間で、様々なテーマで行います。町内のお散歩なので、小さな範囲ですが、同じ範囲を違ったテーマで何回もスキャニングするような感じで行います。

①まちあるきキット　②まちあるき

③まとめ作業　④発表

写真1　まちあるきWSの流れ

半径300m お散歩圏内にある宝物の探し方〜まち保育4つのステージ〜

　ここからは、おさんぽマップワークショップの実践を通じて得られた気づきと変化を、まち保育の4つのステージにもとづいて整理していきたいと思います。

① まちが育てる

　最初のワークショップは、おさんぽマップの点検作業から始めました。保護者にとっては、自身の子どもが普段の保育で通るお散歩道をチェックできるメリットがあります。また、防災をテーマに実施するのもいいでしょう。その際には、近隣の消防団や避難所運営を担う地域住民の方々や、要支援が必要な方にもお声がけして防災まち歩きをしたりと、それぞれのテーマに関係する人にお声がけしながら実施したりします。

出典：『まち保育のススメ―おさんぽ・多世代交流・地域交流・防災・まちづくり』（萌文社、2017年）

　いつものお散歩道を気になるものがあれば、どんどん撮影するキッズカメラマンワークショップという手法も行います。写真は、キッズカメラマンとしてお散歩の途中に子どもたちが撮ったものの一例です。見てもらうと分かるように、子どもが撮影しているので目線がすごく下なのが分かると思います。大人にはこんな風には撮れないですね。例えば㉑の公園にある坂の遊具の写真は、下から見るととてもダイナミックに見えます。こういった大人と子どもの目線の違いみたいなものも見て取れます。

また子どもたちが撮影したインスタント写真をどこで、誰が撮影したか、そのときの子どもたちのコメントや反応を一言添えて、園のエントランスにバーンと大きく貼って掲載したりすると、それだけでもよいドキュメントになります。「今日はこんなお散歩をしました」「〇〇ちゃんがどこでこんな発見をしました」といったことを降園時に保護者へ伝えることにもなります。

　この一覧の掲出により、子どもが降園時に今日の出来事として保護者に説明します。子どもたちは、いつものお散歩道で、「こんな綺麗な空だった」や「窓の中に置物がある家があった」など、会話が弾み、親御さんも「そんな楽しい発見をしたんだね」となるわけです。そのあと親子で降園した際に、いつものお散歩時に会う近所のおばちゃんなどに会う可能性があります。すでに子どもとおばちゃんは顔見知りで「バイバイ」と手を振ってやり取りできる間柄になっている可能性もある。でも、保護者はその方を知らないわけです。このようなお散歩の可視化を通じて、保護者はまちに子どもの顔見知りができていて、保護者よりも「〇〇のおばちゃん」「〇〇に△△がある」といったようにまちのことを知っているスペシャリストになっていることに気づくのです。

2章 ……… まち全体が保育資源の宝庫〜環境心理学の視点から〜 ……… 055

② まちで育つ

次は「おさんぽマップのバージョンアップ」です。
ワークショップでは、どこでどのような発見をしてどのような写真を撮ったかというのがたくさん溜まってきます。それらをもとに、園のスタッフや保護者にも参加してもらい、新しいルートをつくるワークショップを開催しました。

20分歩いただけでも得られるたくさんの発見

新しくできたコースとして、「変なものコース」「赤いものコース」「おもしろいものコース」などがあります。そして、この新しいコースマップを改めて見てみると、本当にものすごく狭い範囲を濃密に感じて遊べるというのが見て取れます。この小さなまちの中にあるものだけで楽しむ、といった感じです。

③ まちが育てる

　先ほど紹介したワークショップの構成で、ニュースレターの発行というものがあります。そういった広報媒体を通すことで、地域に住むシニア世代などが、園外活動を徐々に知るようになってきます。また、お散歩中に挨拶などのやり取りをするようになると、お互い次第に顔が見える関係になっていきます。そういった中で、施設のイベントへお誘いしたり、お散歩への同行をお誘いしたりと声をかけることによって、顔見知りの関係が深まっていきます。

トトロの置き物
トトロとご対面。お散歩中は道路からみているので後ろ姿しかみたことのない子どもたち。
密かに子どもたちは「トトロの家」と呼んでいました。

④ まちが育つ

　何度かキッズカメラマンワークショップを行った後に「ありがとうカード大作戦」というワークショップを開きました。これは、キッズカメラマンとして子どもたちがまちのいろいろな気になるところで楽しませてもらったお礼に、ありがとうカードをつくって配り歩く、というものです。

　事前準備としては、自治会・町内会の掲示板やニュースレターで、開催の告知や子どもたちが訪ねるかもしれないことを伝えたうえで、当日は子ども自身がお宅を訪問してカードを配っていくものです。

　例えば、「軒先の花がキレイで、いつもありがとう」と言ってカードを手渡したら、家主のおじさんが笑顔に。実は「花の手入れは僕ではなくてカミさんがやっているんだよ」「どこの保育園さん？」といった会話がうまれました。その後、庭で育てた野菜を園に持ってきてくれるようになるなどの交流がうまれました。

　お散歩時のランドマークとなっていた「トトロの家」へもありがとうカードを渡しに行きました。トトロの家の方が、自宅の敷地内へ子どもたちを入れてくださり、トトロと対面させてくれました。

　子どもたちはこの時初めて石像を正面からみたので、「ワーッ」と盛り上がります。

　次の日、そのトトロが道路を向いていたのです。これは、まちづくりでは大変重要な話と捉えることができます。例えば道路の境界線から門扉

までのスペースは、もちろん家主の民地ですから、自分の好きなように花を植えたり、置き物を置いたりしていいのですが、実は半分はプライベートで半分はパブリックな、外の人にも見えているセミパブリックの空間ともいえます。

しかしここのセミパブリック空間には、その連続がまちの景観をつくっていたり、あるいはそこを整えていくことで、まちの美化やまちとしての安心感が保たれるという機能があります。そのセミパブリックとしての大事な隙間を、子どもたちの働きかけで家主が意識するようにより変化した、ということになるのです。

セミパブリックな部分は家主だけが楽しむのではなく、外の人も楽しませているエリアなんだな、と認識を持ったという象徴的な事象が、家主に向いていたトトロが道路側のパブリックな空間に向いた、ということでした。これは、家主の気持ちと敷地を少しまち側に開いたことになるので、非常に大事な行動と捉えることができます。

「おさんぽマップ」によるまちの見える化で　大人の気持ちを変えていく

子どもたちとの5年間をかけたまち歩きワークショップの取組を通して、一人一人の子どもたちがお気に入りの場所を写真とマップを「おさんぽ手帳」としてまとめ、地域の方や保護者にもお渡ししました。

おさんぽ手帳の冒頭で、園長先生からのコメントには以下の内容が書かれています。

『…休日に街歩きをして下さる親子がいること、そして新しい発見にわくわくすることが出来ると、幸いです。』

これはこのまちに子どもが育てられているのだ、という気づきをどうぞ持ってください、という保護者と地域の方の双方に向けた呼びかけでもありました。子どもたちは月曜日から金曜日までは保護者とは別にずっとそのまちにいて、まちの住民として暮らしている。土日になったら子どもは保護者と一緒に過ごしますが、保護者ががんばって遠出をしたり、いろいろなところに連れていくだけでなく、子どもたちが毎日遊んでいるそのまちを一緒に歩いてもらうのもたまにはいいと思いますよ、というメッセージが込められていると思います。

保育施設への理解と地域への広がり

子どもたちの日常のお散歩範囲はとても狭いです。この小さな範囲を毎回違ったテーマで歩いたりしているうちに、いろいろな人たちと関わりができ、保育園自体が地域の中で認知されていく、というようなことが起きます。

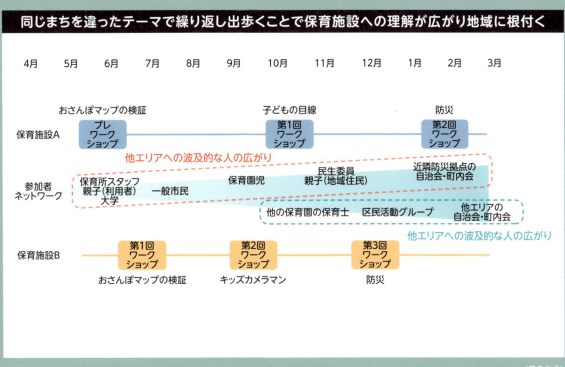

（筆者作成）

保育士さん自身や保育所としても、地域の中で保育していることによって安心を得ることができるようになったようです。前述の「ありがとうカード」の後、保育士の方からは、地域のみなさんが声をかけてくれるようになって、すごく安心するようになったという話もあります。

　他にも、県外で発生したお散歩途中の交通事故を契機に、ワークショップをおこなっていたエリア内でお散歩中に事故が起こりやすい場所について地元の人と一緒に道の点検をしよう、という提案もあり、その後そこを通過する際は、住民の方が「そこに立っててあげる」というようなお声がけもいただいたとのことです。

　こういった事例から、保育施設と地域がつながることは、まちの安全・安心へと広がっていく可能性が高いことがいえると思います。

　そういったことを、私たち保育施設は子どもだけではなく、家庭にも伝えています。

　このことは前述の「まちで育てる」「まちで育つ」「まちが育てる」「まちが育つ」という4つのステージの話につながり、そしてそのステージは園外活動の「おさんぽ」によって、実際に拡張されたと言っていいのではないかと思います。

まとめ：おさんぽは地域資源との接点
〜発想の転換でえられる「おさんぽマップ」の極意〜

　お散歩は移動ではありません。移動にしてしまうと目的地に向かってスタスタと歩いてしまいます。地域資源を使うことは、そのまちにあるいろいろなものを、子どもたちのさまざまな育ちに置き換えられる、という発想の転換なのです。

2章 ····· まち全体が保育資源の宝庫〜環境心理学の視点から〜 ····· 061

おさんぽマップづくりのポイント
～3つの気持ち～

① 子どもたちの目線、五感がフル活用できそうな
「場所やルートを発掘する」気持ちで

　現在、多くの園ではお散歩自体は行っていると思います。ですが、お散歩でまちをシェアし安心を広げる、というような価値には気づいていない園が多くあるように思います。

　おさんぽマップをつくるあるいは更新するときに、わざわざ新しいことをするということではなく、半径300mといういつもの生活圏だったり、日常で園がお散歩をする上で、少しだけ視点を変えてはじめてみましょう。

　それは地面から100cm以下の世界観、これが子どもたちの世界観です。音、匂い、日向、日陰、風の道といった情報も収集してマップに書き込むと、いろいろ違って見えますね。

② 近隣や行政との関係づくり、仲間づくりのきっかけにする気持ちで

　「おさんぽマップ」を作成するにあたって、ベースとなる地図があると便利です。

　自治会・町内会でつくる安全安心マップ、近隣の小学校の総合学習でまとめた情報、PTAの通学路マップ、子ども110番の家所在地、など。

　上記のような地図を入手するために、「その情報見せて下さい」とお願いすることで「なぜ?なにに使うの?」「園児のおさんぽマップに活用したいから」と会話をすることで関係性が深まります。つまり、園で一から新規でつくるのではなく、既存のマップを園以外から収集する行為そのものが、実は地域資源の把握や地域の仲間づくりのきっかけとなるのです。

　もちろん、先生方だけで歩いてみたりするのも点検としては一つですし、子どもたちと一緒にやることも進めていいでしょう。

③ 将来的に応援してくれる人材、連携できる形を探す気持ちで

　さらにお散歩を通じて知り合った人を「おさんぽ」途中の安心マンとして味方につけてみましょう。「この道は横断が危ないから立っていてあげる」といったように、声をかけてくれる人にサポートを発掘するつもりでお願いしてみましょう。

　いつもお散歩を楽しむこの小さなまちは、なんの変哲もないまちではなく、子どもの目線で見るとすごく楽しいよ！ということをまち側に伝えていくと、「わがまちも捨てたものじゃないね」「いいまちなのかもね」「いいまちにしよう！」となる可能性があります。それにより、そのまちが好きになり、ますます定住志向が高まったり、小学校にあがっても子ども一人で通学しても大丈夫だよね、という親子での安心醸成につながるようになるはずです。

　地域とつながるためには、決して特別なことをする必要はありません。日々のお散歩を通じて地域との関係性をぜひ広げていきましょう。まちの子どもに関心をもち気にかけたり、声をかけたりするだけでもりっぱな子育て支援となりますし、そのような人を増やすこともまちづくりにとっては大事なアクションなのです。

まち保育の実践例

まちに出かける
- 施設敷地外に出かける。公園などの目的地に向かって歩く。
- まちそのものを楽しみながら歩く。

まちの資源を保育に活用する
- 公園や空き地などの場所を活用する。
- 自然の営みや季節の移り変わりを感じたり、身近な生き物の姿を知る。木の実を集めて作品を作る。

まちにいるいろいろな人と出会う
- まちに暮らすさまざまな世代の人、働く人、公園でくつろぐ人と出会う。
- 挨拶を交わしたり会話を楽しむ。

まちの情報が集まり発信される核となる
- まちに暮らす子どもや大人の生活についての相互理解が進む。
- すべてまるごと"シェア"（共有）し合える関係になる。

子どもを囲い込まない
- 子どもの活動を施設や敷地内だけで完結させない。
- 自分たちだけで抱え込まない。
- 地域の中にいることの安心感を得る。

出会いをつながりに広げていく
- 偶然の出会いを継続的なつながりに変え、交流を深める。
- 子どもたちがまちの行事や活動に参加する。
- まちの人が持つ資源（まちについての知識・情報、伝承遊び、畑）が保育に活かされる。

場と機会を開く
- 園庭などを地域の親子が利用できるようにしたり、子育てに関する情報を提供する。
- 敬老の日や運動会などの行事に、まちの人が保育の活動に参加する機会を作る。
- まちの人が集まり・出会う場になり、災害時には福祉避難所となる。

※まち保育の実践はさまざまな形が考えられます。ここで示しているのはほんの一例です。

出典：『まち保育のススメ —おさんぽ・多世代交流・地域交流・防災・まちづくり』（萌文社、2017年）

064　園外・まち保育が最高に面白くなる本

3章　　公園あそびのススメ

3章 公園あそびのススメ

お茶の水女子大学
アカデミック・プロダクション
寄附講座教授

宮里 暁美(あけみ)

外に出るって楽しいね

　子どもたちは外に出ることが大好きです。保育室の扉を開けて、テラスに出るだけでもうれしくて走り出す姿が見られます。外と中は、どこが違うのでしょうか。一番違うのは開放感でしょうか。見上げれば青い空が広がり、風も心地よく吹いています。

写真1　テラスと園庭はつながっている

　地面を見れば、アリやダンゴムシが動き回り、石や木の葉、木の枝も点在しています。あれもこれも、みんな面白い。外には部屋の中では出会えなかったものがたくさんあるのです。

　子どもたちが長く過ごす保育園や幼稚園、こども園では、室内で過ごす時間と戸外で過ごす時間の両方がとても大切です。中と外の両方で過ごす時間がバランスよくあることで、子どもたちは一日を機嫌よく過ごせるようになります。

　広い園庭がある園では、園外に出かけなくても、戸外で過ごす体験を満たすことができます。しかし、そうではない場合には、園の周りにある環境をフル活用する必要があります。その際、公園を利用することが一般的ですが、地域によっては、神社の境内や雑木林、大学構内なども利用できるかもしれません。いろいろな可能性を探っていきたいと思います。

　写真3は、大学構内を散策している様子です。金木犀が満開で、1歳児クラスの子どもたちがそれを見つめたり落ちた花を集めたりして、う

れしく過ごしていました。この時を逃したら味わえないような、素敵な体験でした。

写真4は、キャンパスの中にある木が生い茂る場所を見つけて遊んでいる5歳児クラスの子どもたちです。探検家のような気分を味わ

写真2　植えこみの下でダンゴムシさがし

写真3　金木犀の木のそばで

写真4　木々が生い茂る場所で

いながら夢中になって遊んでいます。

子どもたちが外に出ること、外に出て人や自然と出会い、多くのことを感じとることは、子どもたちの心を育む上でとても大切だと考えます。それが、まず初めに大切なことですが、それだけでは不十分です。いつ出かけるのか、どのように出かけるのか、出かけた先でどのようなことを大切にするのか、出かけた先の体験を園の生活とどのようにつないでいくのか、など、考えたいことはたくさんあります。

園から歩いて5分という場所にある都立林試の森公園を「もりのようちえん」と名付け、そこで多くの時間を過ごした実践を紹介します。私が担任保育者として2001年4月～2005年3月までの4年間かかわった実践です。

実践例「もりのようちえん」

1. 都立林試の森公園の魅力

林試の森公園は、品川、目黒の両区にかかる総合公園です。近隣には目黒不動尊があり、その場所ともつながりながら、林業試験場跡地という特性を生かした緑の拠点となっています。また、東京都地域防災計画及び目黒区・品川区地域防災計画においても重要な場所です。

12万平方メートルの広さは東京ドーム 2.5 個分。園内には水路も流れており、珍しい野鳥や樹木も見られます。林業試験場として多様な樹木が植えられていて、自然との豊かな出会いが期待できます。

2. いつもの散歩を見直した理由

公園から歩いて5分ほどの場所にH幼稚園はありました。園児数40名ほどの小さな幼稚園で、小学校に併設していたため、園専有の遊び場は、砂場や滑り台などの遊具のみで、走り回って遊ぶのは校庭を借用する、という園でした。

ある年「豊かな自然体験を通して、感性豊かな子どもたちを育てたい」という願いを抱き、そのために近隣の公園、自然豊かな公園をもっと活用しよう、ということになりました。ちょうど、日本中で「森の幼稚園」の実践が始まり出した頃のことでした。

このような考えを持つまでは、公園の利用は月に1回程度でしたが、そこを見直して、毎週行く、毎日続けて行くなど、出かける頻度を多くしていきました。それに加えて、公園内での過ごし方についても考え合いました。公園を自分たちの居場所、自分たちの幼稚園と思えるようにしたいという願いのもと、プロナチュラリストの佐々木洋先生の助言をいただき、4つのキーワードを見出していきました。

3. 4つのキーワード

❶. 拠点を定めて繰り返し行く

林試の森公園は細長い公園です。大きな広場やアスレチックがある場所など、場所によって雰囲気が違っていました。月1、2回出かけていた時には、行くたびに違う場所に出かけるようにしていました。行く場所を変えることが子どもたちの豊かな体験につながる、と思っていたからです。

しかし「自然は変化するということを体感するためには、拠点を定めて繰り返し行くことが望ましい」という助言をいただき、これまでの当たり前を見直しました。自然との豊かな関わりが期待できる同じ場所に繰り返し行くことで、子どもたちは安心して動き出します。それがとても大切だ、ということを学んだのです。

写真5　拠点としていた場所

写真5は、その頃、拠点としていた場所です。久しぶりに訪れましたが、雰囲気はその頃のままです。倒木にまたがって、探検ごっこを楽しんでいた頃の様子が蘇ってきました。

木の根本にあるウロは、子どもたちの大好きな場所でした。そこに作った泥団子を入れて、「森の冷蔵庫」と名付けていました。また来た時にその場所をのぞくと、少し硬くなった団子がちゃんとあって、それを大事に取り出して遊びます。繰り返し訪れた拠点には、変わらない魅力があったのです。

　もう一つ、みんなが好きだった拠点があります。ユーカリの大木周りの場所です。白い木肌と特徴的な葉や実が魅力的で、かすかに香りが

写真6　倒木自然観察樹木となったユーカリの木

漂う神秘的な場所でした。ところが2011年に東日本を襲った台風15号により倒れてしまったのです。

　私は、その頃には違う園に勤務していましたが、台風が過ぎた後、心配になって公園を訪れました。公園内には多くの木が倒れていました。そしてユーカリの場所にたどり着いた時、私の目に映ったのは、静かに横たわるユーカリの木と、その周りに集まっている悲しそうな顔の人々の姿でした。ユーカリの木はまちの人たちみんなの心の拠り所だったのです。

　今もユーカリの木は、自然に還っていく様子を観察できるようにと、倒れた時の姿で残されています。「倒木自然観察樹木」として、今も、多くの人にとって心の拠り所になっています。

❷.旬を逃さない

　次のキーワードは「旬を逃さない」でした。これも専門家からの助言

写真7　カロリナポプラの大木

の中で見出したものです。「園外に出かける」ことは、計画に則ったものです。「どんぐり拾い」や「落ち葉で遊ぶ」など、年間計画や月案などに事前に予定として記入した上で、見通しをもって取り組んでいきます。これは基本なのですがそれだけではなく、自然を相手にした取り組みでは、自然側の状況を把握することが必要になるのです。

　林試の森公園には珍しい木が多くありました。5月頃にカロリナポプラの大木（写真7）の周りには、ポプラの綿毛が雪のように舞い落ちていました。このことを知ってから、一番キレイな頃に、その場所を訪れ

るようにしたことを覚えています。

　「大風が吹いた後には、公園に行った方がいい」というアドバイスももらいました。強い風で木の実などがどっさり落ちているとのことでした。アドバイス通りに出かけたときには、驚くほどの実を拾えて驚いたことを覚えています。夜通し吹いた強い風が、木々を揺らし木の実が落ちていく景色を想像して、子どもたちと驚きながら拾い集めました。ただし、このようなときは折れかかった木の枝が木にぶら下がっていることもあるので、注意する必要もありました。

　「旬を逃さない」という考え方は、自然とのかかわりだけのことではないように思います。今でしか味わえないことを大事にする、という姿勢は、保育全般についてもいえることだと考えます。

❸. 園と森の生活をつなげる

写真8　森でペープサート

　子どもたちの生活の基盤は園です。森で豊かな体験を重ねたい、と願うと同時に、その体験と園での生活がつながることで、さらに豊かな体験になっていく、と考えました。そのために、森で見つけてきた自然物を遊びに生かしたり、森での経験を写真に撮って掲示したりしました。縄跳びやフープなど、園内でも使用している遊具を森に持参することもありましたが、縄跳びについては、森で長いツルを見つけて、それを使って縄跳びのようにして遊び出す姿もあり、物を持っていかなくても、体験はつながっていることがわかりました。

　フープを使った電車ごっこは、園内で楽しまれていましたが、森で行うと、木々の間を抜けて走る楽しさがあり、戸外で行う良さがありました。

　ペープサートを作って演じて遊んでいた時（写真8）も、「森でやりたい」と子どもたちが言い出して、持っていくことにしました。木々を背景にして演じられるお話は、とても素敵でした。園で毎月行っている誕生会も、月によっては森で行いました。木々に囲まれた中で行う誕生会は、伸びやかな雰囲気に包まれ、心に残るものでした。

❹. 保護者とともに

4番目のキーワードが「保護者とともに」です。根本的で大切なキーワードです。

「もりのようちえん」として子どもたちが体験を重ねようと考えた林試の森公園は、地域に開かれた公園です。地域住民に愛されていて、家庭でもよく出かけている場所でした。それだけに、保育の中で出かけてその場所で楽しんでいることを保護者とも共有できたら、子どもたちの体験はさらに豊かなものになる、と考えたのです。

写真9　親子で遠足

写真9は、親子遠足の場面です。保護者も参加して、園内を散策したりザリガニ釣りをしたりしました。はじめは、子どもたちにつきあっている、という感じの保護者でしたが、次第に熱がこもってきて、最後は大人の方が夢中になっているようにも見えました。

保護者とともに行ったことの一つに、「朝の森」「夜の森」という取り組みもありました。いずれも夏休み期間に親子で任意に参加する取り組みとして実施しました。

<朝の森>
- 6:30 集合。家族で参加します。
- 前日、虫を呼び集めるように仕掛けておいたトラップを見てまわります。
- 自然観察アドバイザーのTさんと一緒に、公園内を歩き、いろいろな自然物の話を聞きます。

<夜の森>
- 18:30 集合。家族で参加します。
- 集合した家族から、順次カンテラ作り。空き瓶を活用して作っていきます。
- 参加者がそろったら、自然観察アドバイザーのTさんの話を聞きます。赤い布を上に放ると、コウモリが寄ってくる、という話を聞きます。
- 19:00 を過ぎて、少し薄暗くなってきた頃に、みんなで出発します。木々が生い茂る場所まで移動し、手作りのカンテラに火を灯して、薄暗がりの中に入っていきます。
- 大きなカエルを見つけたり、セミが羽化している様子を見たりします。
- 20:00 には解散します。最後にTさんの話を聞きます。Tさんが「人間が家に帰ると、そこからが虫たちの時間」と教えてくれます。「カブトムシさん、もう出てきていいよ」「セミさん、ありがとう」と呼びかける静かな声が胸に迫ってきます。生き物たちの時間の中に、少しだけお邪魔させてもらった、という気持ちになります。

<楽しさを保護者と共有する学級通信>

　保護者とともに、ということを願って保育を展開する中で、心がけておこなったことは、学級通信の発行でした。学級通信は1年間に100号近く出し続けました。その中で森での体験や子どもたちの発見をたくさん紹介しました。子どもたちの姿が思い描けるように、と心がけました。

　新年号には、新たな気持ちで「森にあいさつをした」ことを紹介しました。子どもたちにとてかけがえのない場所になっていることを伝えました。

4. 森で過ごした子どもたちの姿

　4つのキーワードのもと、森での生活を重ねる中で、子どもたちとの豊かな時間が紡がれていきました。自然とかかわって遊ぶことが、日常的なものになる中で見られた、子どもたちの姿を4つ紹介します。

エピソード1　緑の実の魔法（4歳児）

　「ねえ、見てて」と呼びかけられて子どもたちのそばに行くと、「ほらね」とやってみ

せてくれたのが、前頁の絵のようなことです。
　白い靴のところに、何かの実をこすりつけると、細かい粉が白い靴の表面につきます。そして、それを、パッパッとはらうと、元通りの白い靴になりました。それはとても鮮やかな魔法でした。「わぁ、すごい！」と感心すると、「でしょ」と満足そうな顔で笑いました。

> **<情報>**
> 　イチョウの花は、めばなとおばながあります。めばなは、めすの木にさいて、おばなは、おすの木にさきます。めばなは、黄緑色で細長く、先の方に実になるところがふつう2つあります。おばなは薄い黄色で房になっています。ここで子どもたちが遊びに使っていたのは、おばなです。

　「これでやるんだよ」「こういう風にね」とやり方も教えてくれます。そう言われて周りを見回すと、たくさん落ちている実でした。非常に小さくて地味な感じの実だったのに、よく気づいたな、と感心させられました。小さな実を使った、小さな遊びは、子どもから子どもへと伝わっていきます。

エピソード2　ユーカリの発見（4歳児）

　拠点として繰り返し行く場所のそばにユーカリの大木がありました。ユーカリの木の下には、落ち葉や実がたくさん落ちていて、独特の香りがする居心地のよい場所でした。細長くて弓のような形をしている葉に触って遊んでいたＹちゃんが「これ、みんな違うよ」と教えてくれました。

　見るとＹちゃんの手には3枚のユーカリの葉が握られていました。どんな発見をしたのかと、期待して友だちも集まってきました。その様子を見て、さらにうれしくなったのか、Ｙちゃんは大きな声で説明してくれました。

　「これはね、こっちが緑で、後ろが赤なんだよ」と言って、葉を見せてくれます。「ほんとだ！」という声を聞き、さらに自信を得たのか、「次はこれだよ」と言います。「これは、両方とも赤なんだよ！」で「こっちは、両方とも緑でした！」と、説明しながら、友だちにも触らせてあげていました。

　ユーカリの木の下には、いつも大量の落ち葉がありました。Ｙちゃんは、その葉に触れているうちにすごい秘密に気づいたのではないでしょうか。マイペースでゆっくり過ごすことが大好きなＹちゃんだったからこその発見だったのかもしれません。何もしていないように見える時間の中で、見たり聞いたり、触れたり、遊んだりしながら、その子だけの発見をしている可能性があります。子どもたちに任された時間や場所がある、ということの大切な意味に気づかされました。

エピソード3　落ち葉の思い出（4歳児から5歳児へ）

　公園の中にプラタナスの並木があります。何本ものプラタナスの大木が並んでいて、秋が深まる頃になると、道はプラタナスの大きな枯葉で埋まります。近隣の保育園やこども園などの子どもたちがよく散歩に出かける公園には、この季節、思い切り落ち葉遊びをする子どもたちを暖かく見守っていてくれる雰囲気があります。大変ありがたいことです。

　ある秋のことです。保育室内で過ごしていると、友だちとの意見の食い違いがきっかけとなり、喧嘩になりがちなTくんがいました。「こういうときは、森に行こう！」という声があがり、出かけることにしました。公園の中に入り、プラタナス並木のところに行くと山のように集まったプラタナスの枯葉が目に留まりました。一番前を歩いていたTくんが、「あそこで遊ぼうよ！」と言ったことがきっかけとなり、子どもたちは歓声をあげて、次々に枯葉の山にダイブしていきました。

　腹ばいになって進んだり、中に潜り込んだり、身体中で枯葉を感じて楽しむ子どもたちでした。

　季節は巡り、冬になり、久しぶりにプラタナス並木のところを通ると、たくさんあった枯葉の山はなくなっていました。

　見上げると、木も葉を落としてさっぱりとした風景が広がっていました。

　そのようなプラタナス並木を通っていた時に、Tくんが「ここで、僕がやろうって言って、みんなで葉っぱの山で遊んだんだよね」と言ったのです。Tくんの言葉に私は、ハッとさせられました。

　自分が言い出したことがみんなに受け止められて楽しく遊べたこと、みんなが喜んでくれたことが、うれしい記憶としてTくんの中に残っているのです。園で遊んでいるときには、友だちとぶつかりがちだっただけに、一緒に笑い合えたことがとてもうれしかったのかもしれません。

3章　……　公園あそびのススメ　……　075

エピソード4　謎のチョウをめぐって（5歳児）

　木のところで「これって、何？」という声が聞こえました。何かな？と思って近づいたら、気配を察したいのか、大きなチョウが舞い上がっていきました。

　それを見送りながら「なんだか、葉っぱみたいだったね」という声が上がりました。

　私も木の幹のところに止まっていたチョウを一瞬だけ見られたので、子どもたちと「葉っぱみたいな色だったよね」「模様が葉っぱにそっくりだった」と話して盛り上がりました。

　それからです。「謎のチョウ」を探す旅が始まったのは。「葉っぱみたいなチョウって何かな？」と考えあい「コノハチョウかな」という声が上がりました。でも、図鑑で調べると、関東地方にはいないはずでした。なかなか答えが見つからない問いは、みんなの心を惹きつけました。学級通信にも情報を載せて、保護者からの情報を集めたこともしました。それでもなかなかわからないまま日が経ちました。そしてある日曜日、近くの道を歩いていたら同じような羽を見つけたのです。一面の落ち葉の中から見つけたのです。まさに奇跡的な出来事でした。

　そうやって見つけた羽をよく見ると、中央部に草色の点がありました。これが目印でした。それは、アケビコノハの羽だったのです。

　アケビコノハは、チョウ目ヤガ科の大型のがです。名前の通りアケビを食草とし、そのほか庭のムベにも発生するため、住宅地で見かけることが多いとのことでした。

　実は、この年は、アケビコノハが大量に発生した年だったようで、謎のチョウの正体がわかった途端に、林試の森の中でも多く見かけるようになりました。アケビコノハは、お世辞にもかわいいとは言いにくい姿でしたが、子どもたちは数週間にわたって、謎のチョウ探しをして付き合ってきただけに愛着が湧いているのか、「コノハちゃん」と名付けてそっと手に取ったり、かわいがったりしていました。

＜エピソード1〜4を振り返って＞

　エピソード1は、イチョウの木のオバナの粉を撒き散らす特徴を遊びに取り入れている様子です。上履きを緑色に変身させて自然とのかかわりを重ねる中で、子どもたちの中から生まれてきた遊びでした。

　エピソード2は、ユーカリの葉に興味を持ち、たくさん触れて遊んでいた事例です。身近にある自然の特徴を捉えて、それを遊びにする遅しさが確認できました。

　エピソード3は、一面の落ち葉の中でみんなと一緒に遊んだ記憶が喜びの記憶として残っていることがわかる事例です

　エピソード4は、謎のチョウと出会った話です。自然の中には、不思議なもの、謎なものが多くあります。それらに着目する面白さを感じられると思います。

公園あそびを楽しもう

　都立林試の森公園で遊んだ日々について紹介しました。公園を遊びの場として活用する際に、楽しさが広がるためのアイデアをまとめました。

1. 公園の運営者・管理者とつながっていく

　都立林試の森公園で多くの自然体験をしたいと願った時、まず挨拶に行ったのが管理事務所でした。そこで、「木の先生」ことKさんと出会うことができました。長く、公園の管理者だったKさんは、子どもたちの姿を目を細めて見守ってくれました。どんぐりを夢中になって拾っている子どもたちを見ると、「先生、いつかは上を見るように声をかけてみてください。ちょうど花が咲いているのが見えますよ」などと、先に向けて多くの助言をしてくださいました。

2. 子どもや保護者から情報収集

　子どもたちは、自分の家のそばにある公園のことを喜んで教えてくれます。そのような子どもたちから情報を収集することで、楽しさが広がります。リスの滑り台がある公園を「リス公園」、船の遊具がある公園を「船公園」と呼ぶなど、愛されている公園には、子どもたちがつけた名前がついています。その公園にはどのような魅力があるのか、何をしてよく遊んでいるのか、など、子どもたちから情報を収集するようにします。

　同じことが保護者に対しても言えます。「花の開花などの情報を寄せてください」と伝えていくと、情報が集まってくるようになります。もしも、情報を寄せてくれたら、感謝して、必ず活かすようにします。

3. 公園ごとに楽しみ方はいろいろ

　それぞれの公園には、それぞれに違う楽しみ方があります。自然豊かな公園、アスレチックなど運動遊びが楽しめる公園、広場があってそこで遊ぶことのできる公園など、楽しみ方はいろいろです。その公園の良さを理解し、それを存分に楽しめるよう、公園に出かけていきたいものです。

＜カルタ作り＞
　子どもたち自身が体験したことを表す機会も貴重です。冬の時季、「もりのようちえん」をテーマにしてカルタを作ったことがありました。二人組で一枚の絵札を作っていきましたが、森での体験が瑞々しく描かれていました。

ありはすごいよ　ちからもち

いしのしたに　だんごむしがいました

けむしのけ　もりにむしだらけ

むしみつけた　そしてとんだ

4. MAPづくりをすれば楽しさが広がる

　いろいろな公園を利用するようになったら、行った先を記入できるようなMAPを用意すると楽しさが広がります。既製の地図に書き込むこともできますが、簡易な地図を作って記入していくのも楽しいものです。目的地だけでなく道中で見つけたことなどを適宜書き込むようにします。園の外に出かける際のコツとして「道中を楽しむ」があります。不思議な形の木がある家、素敵なものが飾ってあるお店、訓練をしている様子が見える消防署など、面白さはいろいろあります。そのような魅力的な場所をいくつか把握していると、メリハリがついた散歩になります。

5. 体験をいろいろな形で記録する

　公園での体験を写真中心にまとめたり、子どものつぶやきを掲載したりして記録を作成します。保護者も閲覧できるように掲示して、お迎えの頃には掲示があることを伝えて、掲示を見ながら語り合っていきます。4つのポイントのうちの一つ、「保護者と共に」を実現すべく、記録と発信を積み重ねていきます。

そうじをしている
おじさんはいつももりをそうじしているね

つばめがもりのうえで
とんでいる

みみをすませてむしのこえ

ふわふわわたげ　のりたいな

やさしいきがわらってる

資料　子どもたちが作った「もりのカルタ」

6.子どもの思いを大切に受けとめる

　卒園を控えた頃に、これまでの経験をまとめる形の文集を作りました。そこでは、子どもたちが言葉や絵で「もりのようちえん」の思い出を記しています。子どもたちが、森の中での体験をどのように心に残しているかが伝わってきます。ご覧ください。

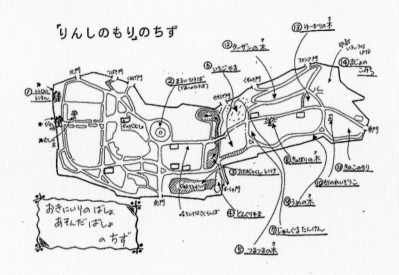

①トトロのトンネル

さくらぐみのころ、よくあそんだね。
トトロにあえるかな？っていいながら、みんなで なかにはいって
ずんずん すすんでいったね。

なつになると、はっぱが すごく しげっていて
みんなの しんちょうよりも たかくなっていて
ちょっと こわかったね。

②まるいひろば（であいのひろば）

おやこえんそくのとき、みんなで「うめとさくら」のあそびを
したね。
みんなで おべんとうも たべたよね。
ぐるぐる まわりたくなる まるいひろばは みんなの おきにい
りのばしょ でした。
なつのよる（7じころ）コウモリが そらをとんでいた。
おもしろい とびかたを していました。

③おたまじゃくし池

カメがよく まるたのうえで ひるねをしていた。
なつ とんぼが たくさん とんでいた。
じゃぶじゃぶ池にも、たくさん おたまじゃくしがいて みんなで
つかまえたね。
ザリガニつりは、おとうさんも がんばって つってくれたから
すごく たくさん つれました。
そのザリガニは、ようちえんで あかちゃんを うみました。
かわいいあかちゃんを うみました。

④どんぐりやま

じゃぶじゃぶ池のうしろがわにあって どんぐりが たくさん
おちている。だから どんぐりやま っていうの。
ふうのみ や ふしぎなみどりのみ も おちている。
かまきりやばったも いたんだよ。
おくのほうへすすむと じゃぶじゃぶいけに いくみちがある。
いちにちいても あきなかった。おもしろいばしょ。
かえりみちは みんなのポケットは どんぐりで いっぱい！

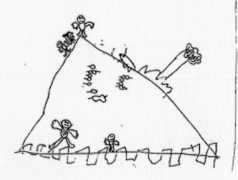

⑤つるつるの木

かいだんを のぼると
つるつるの木が たくさん ある。
つるつるを さわる。
つるつるして おもしろい。
つめでひっかくと 木のいろがかわる。
それも おもしろい。
つるつるの木には、
『サルスベリ』というなまえがある。
つるつるしているから
サルも つるつるすべる
っていうこと なのかな。

⑥いちごやま

5がつや6がつころ もりは ごちそうがいっぱい。
さいちごが みつかるよ。
おかあさんと いっしょに たべたよね。
プチプチであまくって おいしかったな。
すごく あかくて おおきいのを みつけると うれしかった。

3章 …… 公園あそびのススメ …… 081

⑦ジャングルたんけん

よこのみちをはいっていくと ジャングルがある。
さくらくみさんは そこに ひみつきちをつくった。
しょうがくせいは そこを デンジャラスゾーンってよんでいるんだって。
みちを みつけて ずんずん すすんでいくのは ほんとうに ジャングルたんけんみたいで おもしろかったね。

⑧うめの木

しばふひろばのそばに うめの木がある。
2がつになると いいにおいのはなが さいていた。
うめの木のしたで はなびらをあつめて ままごとしたのが たのしかったね。

⑨きのぼりの木

もりにいくと すぐに のぼりたくなる いっぽんの木。
おおきな木。
ちゅうがくせいの おにいさんも「ちいさいころ のぼったなあ」と なつかしそうに はなしていたよ。
木にのぼって とおくを ながめると とりになったような きもちがするのかな。

⑩もりのれいぞうこ

おだんごをつくったり 木のみをあつめて
ごちそうをつくったりいっぱい あそんだね。
また こんどきたとき あそべるように
もりのれいぞうこに
だいじにごちそうを しまっておいたんだよね。

⑪きのこのもり

もりには むしもいたし きのみもたくさん おちていた。
あめのあと、もりのなかで きのこが にょきにょき ならんでい
るところを みつけた。
きのこって おもしろいね。きゅうに でてくるから びっくりし
ちゃうよ。

⑭まじょのこみち

よるのもりで まじょにあった ふしぎなばしょ。
だれかに あえそうなきがする。
ほそいみちが いろいろなところにつうじている。
あの みちで おんせんツアー をしていたひともいる。

⑫ターザンの木

ぼうけんひろばの
アスレチックのよこのところで、
みんなで みつけた ターザンの木。
木のえだが たれさがっていて
ちょうど
ターザンロープみたい だったから
そう よんだんだ。
でも きをつけないと
木にあたまをぶつけるんだよ。
じぶんたちで みつけたばしょだから
だいすきだった。

⑬ユーカリの木

もりのおくのほうに おおきい木がある。
その木のしたに いくと いいにおいがする。
はっぱのかたちも かわってる。
実のかたちも かわってる。
ユーカリの木のしたで たんじょうかい。
ユーカリの木が、「おめでとう」っていった こえ きこえた?

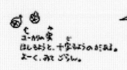

3章 ····· 公園あそびのススメ ····· 083

地域に思い出を残すということ

ゆっくりと過ごせる時間と、穴を掘ったり小さな生き物を見つけたりできる場所と、一緒に面白がる仲間がいれば、子どもたちは時間が経つのも忘れて遊びます。

そのような場所が、とても近い場所にある園もあれば、少し離れた場所にある園、なかなか見つけることのできない園など、状況はいろいろだと思います。

今回紹介したのは、歩いて5分という場所にある公園を、自分たちの大事な居場所として頻繁に出かけ、そこでの体験を大切に積み重ねた実践例です。その場所を「もりのようちえん」と名付け、拠点を定めて繰り返し行く中で、砂場と畑だけが園庭、という園に勤務した時には想像もしなかった豊かな体験が得られたのです。その体験を通して私が学んだことは、「やり方は必ず見つかる」「できないことなんて何もない」「できない、と決めたときにできなくなる」ということでした。

身近にある場所を、自分の場所、自分たちの場所と感じて過ごすことは、人が生きていく上で、非常に大事な感覚だということも学びました。

下の絵は子どもが描いたもの。言葉は私が書いたものです。「木のぼりの木」と子どもたちが名付けていた木は、枝を大きく広げ、しなやかで強くて、子どもたちが大好きな木でした。

地域の公園には、いつもたくさんの人がいました。小さい子どもが遊んでいたり、中学生や高校生も部活の練習でランニングをしていたりします。高齢の方が、ゆっくり散歩をしている姿もよく見られます。木登りに木を見上げながら、懐かしく語る中学生。その懐かしさは、いろいろな人の中にある懐かしさなのかもしれません。

地域にある公園を大事な遊び場にしていく取り組みは、地域に思い出を残していく、大切な取り組みなのだろう、と思います。

もりにいくと すぐに のぼりたくなる いっぽんの木。
おおきな木。
ちゅうがくせいの おにいさんも「ちいさいころ のぼったなあ」と なつかしそうに はなしていたよ。
木にのぼって とおくを ながめると とりになったような きもちがするのかな。

4章　……　村と保育園　　085

4章 本すと保育園

保育の中の楽しさについて

社会福祉法人東香会
（しぜんの国保育園運営）理事長

齋藤 紘良
（こうりょう）

『園外・まち保育が最高に面白くなる』という表題は、言葉を聞いただけでも心が躍ります。園外保育の手法や技術も大切ですが「面白い・楽しい」という価値で語り合うことは保育を豊かにする一つの基準のように感じます。

それでは、保育の中で「楽しい」と思える瞬間とはどのようなものでしょうか。さまざまな環境や状況における多くの楽しさがあると思いますが、私が実感する保育の楽しさとは、「まだ形にならない子どもの世界をともに生きる」という津守真の言葉の通りです。子どもとともに生きることで見えなかった世界が見えてくる。そのような瞬間に出会えたときに、内臓の淵から喜びと楽しみが込み上がります。

東京・町田にあるしぜんの国保育園の園舎廊下は長くて直線の傾斜になっており、子どもたちはよくその斜面を走って移動するので、保育者たちは「走るとあぶないよ〜！」と声をかけていました。でも子どもたちは廊下で転ばないしいつも楽しそう。不思議に思って試しに保育者も走ってみたらこれが気持ち良いのです。町田しぜんの国保育園の廊下は走ると気持ちが良いことを子どもたちの世界から発見することができました。それ以来、なんとなく保育者も廊下を小走りする機会が増え、今では大人も子どももやろうと思えば廊下を上手に走ることができます。子どもたちと一緒にその場の環境における楽しさを見つけ出すことができれば保育人生はより一層に楽しさが溢れますね。

子どもの見ている世界は、きつく締まった私の脳内ネジを緩めてくれることもありました。4歳児のYuさんが描いた絵を眺めていたときに、対象物やモチーフを写実的に描くという絵画の概念ではなく、世界の

運動現象が表現されているように感じました。その絵の前に立つと私は生命の躍動を感じます。子どもたちに見えている世界と大人が見えている世界。さらには学生や高齢者などのさまざまなライフステージから見える世界。多様な世代が近くに存在することでどちらともいえない間（あわい）の景色が見えてくる。それもまた楽しいことです。生物学者のユクスキュルは多様な生物が同じ空間や時間に生じているというのは幻想であり、人間以外の主体が生きている世界は人間世界とは別の事物との関係性で存在しているといいます。難しいですね。つまり世界を捉える感覚は一つ、ではないということなのです。例えば、子ども時代の1年間と大人の1年間の感覚の違いを感じることはありませんか？

　感覚の違う者同士が、（距離的にも精神的にも）重なったり離れたりすることで、それぞれの視角からの間が生じる。この狭間に立つことで私の脳内の概念が解体され、視角が広がり始めるのです。もしかすると、保育生活とは、子どもと大人のどちらともいえない視角がフワッと沸き立つことなのかもしれません。

Yuさん『ゆうひのちかくのうみ』『うみとゆうひがつながった』

村は生きている

　この章では、子どもと共に生きることで見えてくる新しい世界を「村」というキーワードを通して考えてみたいと思います（ここで語られる村とは、行政区画としての公共単位というよりも、生活の場としての概念的単位として使用しています）。

　子どもと村というふたつの言葉を聞いて私は、スウェーデンの児童文学『やかまし村の子どもたち』のイメージを真っ先に思い浮かべます。やかまし村で楽しい毎日を過ごす子どもたちの姿を、作者であるリンドグレーンは子ども世界の内側から物語っています。読み進めるうちに、自分自身がまるでやかまし村の子どものひとりとして存在するような気持ちになります。やかまし村では、小さな乳児や恋人同士の若者、気難しい職人、頼れる両親、視力の弱った老人、犬や馬やカエルなどさまざまな存在が別の時間軸でそれぞれ主体となって生きています。その主体たちとの関係をつなげる役目として、村の子どもたちはさまざまな事件やイタズラを巻き起こすのですが、もしこの村に子どもがいなかったとしたら？きっと関係もつながらず物語も生まれず、過疎化も進み、廃村となり…ネガティブな想像はここまでにしましょう。

　それぞれの主体が独自に活動しつつ関係し合っている共同体。その中心で子どもが自由にいきいきと遊び、その遊びが共同体内の血流として関係を縦横無尽に結んでいる。これが私の考える生きている村のイメージです。

パラレルな村の時間軸

　2024年現在、私の住んでいる町田市忠生では、地域内で人名を呼び合う際に、苗字の他に屋号という村の独自の呼び名が残っています。1960年代ごろまで各集落で日常的に使われていた屋号は、"新屋"や"下駄屋""タバコ屋""鍛冶屋"など、そこに住んでいる人たちだけで通じ合う名称です。私の母は秋田県からこの村に引っ越してきた当時、地域の方々の苗字、名前、そして屋号を覚えねばならず苦労したそうです（集落には兄弟家族も多く、同じ苗字も多くあるので下の名前を覚えることも必須）。３つも名前を覚えるなんて大変！ですが、地域の人にしか通じない屋号があるのは、親密な関係が築かれているとも解釈ができて少し羨ましい気がします。現代では、目の前に引っ越してきた人ともお互いに会釈する程度の関係性なので、親しい間柄

になりにくくて少し寂しい。人間は群れやつながりの中で安心して暮らしたいという願いが根底にある気がします。そういった目線で見れば3つの名前をすべて覚えることにも必然性を感じます。

　屋号で呼び合う人々は1940〜1950年生まれの人たちをもって最後なのかもしれません。私はその世代と関わる機会が多いのですが、彼らの特徴は独自の仲間意識を持ち、それを次の世代へ踏襲させようとはせず、子どもだった頃の関係性のままでその土地に暮らしています。彼らと多世代の関わりは日常の生活ではなかなか生まれず、地元の祭りなどのハレの日に生まれることが多いです。次のエピソードは、その世代の人々と私の世代と子どもたちが、古来より続く年中行事を通じて交差した記録です。

どんど焼き

　1月15日の夜、寺の広場に地元の人々が集まってきました。子どもたちは背丈よりも高いカシの木の枝先に丸いお団子をつけながら慎重に歩いています。

　今宵は年に一度のどんど焼き。古くから続く村の年中行事です。広場の中央には5メートルほどの竹のやぐらが組まれていて、これを一気に燃やし、空高く舞い上がる灰と火の粉に1年間の願いを込めるのです。竹の隙間には各家庭で飾られていたであろう正月飾りや書き初めがびっしりと押し込められています。

　本来、尾作さんの畑の真ん中で長年行われていたのですが、住環境の変化で昨年からお寺の広場に移動を余儀なくされ、今年はお寺での2回目のどんど焼きとなりました。

　いよいよ竹やぐらに着火する直前に、びゅうびゅうと北の空から力のこもった風が吹き始めました。

「…無理かもしれんな」

「ああ、こりゃあぶねえな」

「竹を短くして燃やせば大丈夫じゃねえか？」

「せっかくみんな集まったんだしなあ…」

　やぐら作りの得意な村のおじさんたちが頭を悩ませています。その様子を、集まった子どもたちが心配そうにじっと見つめています。
　そのうちにどこからか苛立ちまじりの声が聞こえます。

「もし何かあったら誰が責任取るんだよ〜」

　強風で万が一火の粉が飛び散って火事にでもなったら…とみんなの脳裏に心配事が浮かんできました。
　その場にいた私は、この"責任を取る"という言葉にカチンときてしまいました。ここでいわれる責任の正体とは一体何なのでしょう。もし怪我などが起きたら誰か一人が責められ、もし火事などが起きたら被害の賠償金をどのように捻出するのか。それは責任者一人が背負わねばならないのか。

「僕が（責任を）取りますよ」
　責任の正体も定義できぬまま、思わず私は啖呵を切りました。
　一瞬、言葉を詰まらせるどんど焼きの民。そのうちに、「私も、責任取ります」という新屋の牧野さんの声。
　「んじゃあ、やろうか」綿屋の鈴木さんが腰をあげる。
　「子どもも楽しみにして来てるからなあ」材木屋の尾作さんが乗り出す。
　「危なくないようにもっとやぐらの背を低くするぞ！」他のおじさんたちが機敏に動き、予定通りどんど焼きが決行されました。
　着火の瞬間、強風と共に大粒の雪が降ってきました。大きな炎と舞い踊る雪。なんとも幻想的な景色に村の民から笑みと感嘆、そしてわずかな緊張感が漂います。
　やがて勢いよく燃えていた竹も炭火へと落ち着き、緩やかな団子焼き時間へと移り変わりました。
　「…火ってやっぱりあついね」子どもたちが頬を赤くしています。

「東北だと、みかんも焼くんだよ」

　知らない人とも炎を囲んでぽつりぽつりと会話が生まれます。
　そのうちに団子も売り切れ、人の影も少なくなりました。気がつくと私と牧野さん、長澤さん、別の牧野さん、尾作さん、名前がちょっと分からないおじさんの6名で、燃え落ち着いた炭火を囲んで昔話が始まりました。

「むかしはさあ、俺らが中学生くらいだったとき。やぐらを組み立てるのと夜通しの火番は子どもの仕事だったんだよ。隣の村とやぐらの高さを競ってさ、俺らの方が高いってんで喜んだよな」

「やぐらが出来上がるとお小遣いをもらえたよね」

「火番を一晩中やって、もらえたよな」

「大人は酔っ払っちゃって寝ちゃうから」

　私とおじさんたちの年齢差は約40歳。会話はあまり噛み合わない。でも今晩の火番として同じ時を過ごしていることで仲間が増えた心地になり、安心感に包まれます。同年代との会話も心置きなく話せて楽しいのですが、異年代との関わりは、新たな価値観に出会える豊かな時間となります。

　火を囲みながら会話が終わりに近づく頃、「あのとき、責任取るって言ったの、カッコよかったねえ」と、村で一番気難しい長澤さんが私を褒めてくれました。

4章　村と保育園　091

責任の所在

　強風の中で人々から叫ばれた「誰が責任を取るのか」という投げかけについて、私は当時の現場で答えが見つからずそのまま啖呵を切りましたが、あらためてもう一度考えてみたいと思います。

　責任とは一般に、人が引き受けてなすべき任務と解釈されます。引き受けるということは任務を頼む存在がいるということです。誰かから任務を頼まれて遂行することが責任とすると、活動の中で何か問題が発生した場合、リスク負担や事後処理を一人で背負うことが「責任を取る」ことではないはずです。問題解決へのチームが共同体で編成され、多角的に原因を突き止め対応を遂行する。その取りまとめを頼まれるのが責任者であるわけです。つまり、責任を担う責任者は、チームや仲間がいて初めて引き受けられる意思なのではないでしょうか。哲学者の鷲田清一は、「責任」の英訳「リスポンシビリティ (responsibility)」は、他者からの求めや訴えに応じる用意があることであり、自分が何を求められているかというほうから考えるとしています。一方、日本語の「責任」は組織の一員として果たさねばならない事柄であり、一人が担う性質が強いことと比較しています。

　日本式の責任の担い方は、"自分のやりたいこと"として責任者一人がリスクを負うという構図になりやすく、責任者以外は「〇〇だったらどうするのか」や「もし〇〇が起きれば危険だ」など「〜だったら、〜れば」といったタラレバを責任者へ投げかけます。

　タラレバの想像力は、リスクマネジメントという観点からみればネガティブな事象やリスクを回避する作用に一役買いますが、「ポジティブな事象を潰す可能性があるというリスク」に関して軽視されることが往々にしてあります。

　前例のないチャレンジングな取り組みなどは、ときに未知のリスクを追いながら進まねば見えてこない地平線があります。リスク（危険性）の中に潜むベネフィット（恩恵）を受けるのは他ならぬ共同体内の主体者全員ですから、共同体全員でリスクもベネフィットも丸ごと背負い、取りまとめを責任者へ頼むという構図が、「責任（リスポンシビリティ）」の正体といえます。だからこそ、責任者には必ずチームや仲間が必要なのですね。

どんど焼きの「責任を取る」は、私一人がリスクを負うのではなく、例えば火の粉が燃え移り火災が発生したとしたら、どんど焼きの仲間たち全員で解決へ取り組み、その筆頭を私が任されるということ。これが「僕が責任を取りますよ」の真意だと振り返りながら自己理解することができました。

共同体のエシックスとマナー

　そうはいっても、リスクが思い浮かぶ活動に対し「みんなで責任を持ちましょう。その取りまとめが私です」という声かけには共同体内の全員が頷くとは限りません。皆で共有するマナーや道徳観や倫理観によって納得できるかどうかに影響します。道徳（モラル）や倫理（エシックス）について、美学者の伊藤亜紗は、個人の能力や状況によらない正しさを示す道徳と、現在進行形の状況に応じて最善の行為を選ぼうとする倫理を分けて説明しています。また、教育学者の矢野智司は、マナーについて"道徳と法の中間に位置づく「準ルール」"と示しています。伊藤の倫理（エシックス）と矢野のマナーには共通して"ゆらぎ"あるいは"迷い"があります。解決できない問題に直面したとき、その状況に応じて最善の価値を考え抜き判断する。そこには共同体内で培ってきた価値観としての道徳（モラル）を含みつつ、ゆらぎや迷いのものとで行動が変わっていく倫理（エシックス）とマナーが働くことで創造的に問題を打開することができるでしょう。

　日本式責任構図である「責任者 vs 責任者以外」では、責任者以外は道徳（モラル）に価値を求めやすく、責任者一人に倫理（エシックス）を問います。対して英語のリスポンシビリティには、責任者以外も倫理（エシックス）やマナーによる価値を、責任者と共に考え抜く構図が生まれやすいように感じます。画一的な「正しさ」を指向する道徳心は価値判断を行う際に大事な要素ではありますが、それが責任者以外という漠然とした全体性からくるものなのか、一個人の価値判断としてのものなのかによって、責任者の担う任務が変わってきます。

　どんど焼きにおいて、「責任は誰が取るんだよ〜」の一言はまさに、責

任者と責任者以外の構図から、責任者一人の倫理を問う発言だったと思います。私が発した「僕が責任を取ります」は、"責任者以外"から問われた倫理に"責任者"として応答した形となりました。その後に周りのおじさんたち一人一人が状況に応じて動いたおかげで、責任者と責任者以外という構図は緩やかに解体され、その状況での最善の価値を求める倫理が働きました。

その場におけるおじさんたちの価値基準の指針になっていたのは、広場に集まる子どもたちの姿だったと思います。強風の中でおじさんたちをゆらし悩ませていたのが、団子を片手に持ちながら不安そうに立っている地域の子どもたちの姿だったことはいうまでもありません。道徳的に見れば、強風の中で火を灯すリスクを考え中止にすれば何事も起こらないのですが、代わりに子どもたちの楽しみは消え、引き継がれてきた伝統も中断される。まさに道徳と法の間でゆらぎ迷いながら最善の行為を選ぼうとする倫理は、単に私の強い意思の自己決定ということではなく、子どもたちの存在によってどんど焼きの決行に突き動かされて結びついたのです。

そのときの私の心境は、「責任を負った」とも「責任を負わされた」ともいえない、何かその場の意思のような力につられて、私の中に責任感が現れたという実感が近いです。それは超越的な存在の意思あるいは神秘的な体験ということではなく、「思わず（責任を）負わずにはいられなかった」のです。

シリアルな道徳観は素早い決断ができるものの、その場で生まれる直感的感覚は責任を持たずにショーケースに並ぶようなものです。対してパラレルな状況判断、すなわち倫理観はバラバラな方向性の中から"今"に適合する判断を創造していくという、面倒だけれども誰もが自分ごととして責任感を持ちやすい状況を生みだします。

このように倫理（エシックス）やマナーを駆使し、道徳（モラル）と照らし合わせながら状況に応じて最善の価値を考え抜くような責任の取り方に、実は保育園という共同体における「最高に楽しくなる保育」の本質が隠されているのではないかと私は考えます。

次の節では、保育園におけるエピソードをもとにこの本質を考えてみましょう。

保育が村の動脈になる

　それぞれの保育園では、子育てを中心に人と人との関係がつながり、そして近しい倫理観を持った者たちが寄り合います。一方で全国の保育園の道徳観は保育指針のもとで統一され、保育者たちの職務として遂行されています。子育ては全人類がこれまでに絶え間なく永続的に向き合ってきた営みですが、近代からは子育ての一部を保育・教育として親から専門家へと分担する制度が発展してきました。保育者たちは子育てと保育・教育の両方、子育ての倫理と道徳の両方を担っているわけですが、倫理については各保育施設の中でのみ通じ合えるものとして留まってしまうことがほとんどです。

　例えば、保育施設の子どもたちと道端のツツジを吸って食べるのを「美味しいね」という倫理もあれば、道に生えているものは衛生上で口に入れるのは危ないという倫理もあるでしょう。その保育施設独自の倫理観を敷地の内部者だけで分かち合っていくことも決して悪いことではありません。ですが、一歩でも外へと持ち出して園外者と共有できるような"子育ての公共化"が進むとすれば、社会の中で子どもたちの姿が多世代へより具体的に見えてくるように思います。

「保育の専門性は私たちに任せてください。子育ては社会で楽しんでいきましょう」

と、保育園が胸を張って言えたら、どれだけ安心して保育者たちは保育に集中して取り組めるでしょうか。まちを歩けば誰もが子育てに関心を寄せてくれる。それだけで園外保育が楽しくなります。

　以前、知人が子どもを連れてベトナムへ旅行したときの体験談を話してくれました。まちの食堂にて食事をしていた際、我が子が泣き続けてうまく食事ができないでいるのを隣の席のおばさんが気にして、「私が抱っこしているから早く食べなさい」と言ってあやしてくれたそうです。おばさんの近くにいた別のおばさんも抱っこをして、結局お店の中の皆で抱っこ大会になった、という笑い話を聞かせてくれました。知らない人に、しかも海外で、我が子を抱っこさせるなんて危ない！という道徳心もあるかもしれません。ですが、知人家族たちはその場で美味しくごはんが食べられ、子どももたくさんの人たちに微笑まれて嬉しかったと言います。おそらく少し前の日本でもそのような風景が街に溢れていたのでしょうが、子どもの存在によって近くの人と仲良くなっていけるなんて、なんて幸せな環境ではないでしょうか。

　次のエピソードはしぜんの国保育園の保育者である宮原華子さんが教えてくれたものです。

「見た目のゆかいな近所の家」宮原 華子

保育園から少し歩いたところにある家。家先に音の鳴るヒヨコや、虹色の風車が道路側に向けて置いてある。とても鮮やかな色の風車、大人の膝くらいの高さに並んでいるヒヨコ、ネットに入った音の鳴るヒヨコが「取ってください」と言わんばかりに、道路側にフックで掛かっている。

私が保育園に入職して、初めてその家の前を通ったとき、手を伸ばす子どもに「触っちゃだめ。見るだけにしよう」と言うと、先輩保育者に「大丈夫だよ。触ってもいいように置いてくれているから」と教えて貰った。

子どもに触っていいように置いていてくれるなんて、子どもが好きなのかなと思い、そして少し安心をした。

2年前から、少しずつバリエーションが増えてきた。しかも、もの凄いボリューム。昆虫のフィギュア、癖のあるポーズを決めている宇宙人、躍動感があるリス、そして、風車やヒヨコも増えている。

ほぼすべての子どもが食いつくものが揃えられている…。

現在私が担当している1歳児たちはこの家が大好き。見て賑やかで楽しいし、色々ある。しかもふれあいOK。ある日、かなり激しく触っていた子に「優しく触ろう。おうちの人のものだから」と言っていたとき、偶然家の方が帰ってきて、「いいんだよ。いつも家の中で声を聞いてると『壊さないように』と言われているけど大丈夫なんだ。壊してもいいものを置いてるからいいんだよ。子どもが嬉しそうな声を聞くのが好きだから」と言ってくれた。

それ以降、最低限、壊さないようにと気をつけながら、いつも楽しく触らせて貰っている。もう少しで園に着く、一番疲れるあの付近。最後のパワーが湧き出てくるあの家が、大人も子どもも必要なところ。

なぜ園を出てまちを歩くのか

　宮原さんのエピソードでは、彼女が園外保育を保育者の範疇のものと捉えていたところ、実は近隣の方にとっても大切な機会となっていたことに驚きと嬉しさをもって気づいていく様子が記されています。「園外保育は保育園の責任」という価値観から、「子育ては社会の喜び」という価値観が芽生え始める瞬間です。厚かましいいい方に聞こえるかもしれませんが、子育ての喜びを保育園や家庭の中だけにしておくのは勿体無く、地域で子育てしていく感覚が広がれば楽しさが増えるのになあと思います。子育てを通じて保育園と地域と親とが信頼し合える社会。子どもの存在によって関係が結ばれていく社会。これこそ“こどもまんなか”社会と呼ぶのではないでしょうか。

　たとえ園庭が豊かであったり保育室内が充実した環境であっても、なぜ園外に出向きまちを歩くのか。それは「出会いによって子育ての仲間が増えるかもしれない」という可能性が園外保育にはあるからです。園外にも仲間が増え、子育ての倫理観が地域で共に更新していける環境であれば、安心してのびのびと園外保育が楽しめる。そして園外で何か困ったときにはすぐに助けを借りることができれば、園外保育の楽しさが大きく広がるでしょう。

保育の幸の狩猟採集スポット

　日本では、自然現象や環境からの食の恵みを「幸（さち）」として表現します。特に冷凍保存などがなかった時代には新鮮な食材が手に入ったときはこの上ない幸いだったことでしょう。漁師たちは、いつどこでどのような魚が海で泳いでいるかを熟知し海の幸を釣り上げます。猟師たちは、季節や環境の変化に敏感に気がつき山の幸を狩ることができます。

　他にどのようなところで幸が手に入るでしょうか。建築家であり作家でもある坂口恭平は、モノが過剰に生産され大量の廃棄物をうみだす都市において、供給の余剰のみで生活するアイデアを思いつき、この余剰を「都市の幸」と名付けました。特に東京は都市の幸の名産地で“余剰”のゴールドラッシュだそうです。

　子どもたちは、道端でもどこでも遊びを見つけることに長けていますし、保育者はこの“子どもによる遊びの発見”を見つけることが非常に得意です。私は子どもの遊びや興味や驚きなどの事象を「保育の幸」と名付け、まちの中でこの幸を採集することを「まち歩き」と呼ぶことにしました。

4章 ・・・・・ 村と保育園 ・・・・・ 097

保育の幸を仮に以下のようにカテゴライズしてみます。もちろん一つのエピソードに複合的な要素が含まれています。

● **冒険や探索（例：景色、場所）**
● **出会い（例：生き物、建造物）**
● **収集（例：採取、記録）**
● **関係（例：対話、対立）**
● **アクシデント（例：自然現象）**

風車のお家のエピソードは、「出会い」、「収集」に分類できるでしょう。他にも多くの項目があり、その項目を保育の中で発見していくのもまち歩きの楽しみの一つです。

次に紹介するエピソードは、しぜんの国保育園保育者の角葵さんによる「冒険」、「関係」にカテゴライズできるものです。

「まちこさんを探して」角 葵

いつものように自分たちで進む道を決めながら、お寺の横の坂道を下っていた"うまチーム"のある日のまち歩き。

ポーンとチャイムの音に続いて「こちらは、町田市役所です」忠生の町内に時々流れる放送が聞こえる。ごく自然にゆっくりめのスピードになって歩く。街に響き渡って重なる声に、子どもも大人も耳を澄ましている。「○○まちこさんの行方が、分からなくなっています」その放送を聞いて「まちこさん？」と歩きながらえいいち君が言う。不安そうな表情を浮かべている子もいる。「地震じゃないよ、まちこさんっている人が迷子になっちゃったんだって」と要約して私が答える。「え、迷子？」「見つからないってこと？」とたかし君。「迷子」「行方」「分からない」という言葉、明らかに子どもたちの心がざわついているのを感じた。その後の放送にも続いて耳を傾ける。「年齢は78歳、身長は約150センチ、白髪で、黒いズボンに黒いスニーカーを履いています。見かけた方は…」これは緊急事態だ、と友だち同士で顔を見合わせている子もいる。「…じゃあさ、みんなで探してあげればいいんじゃない？」とえいいち君。「いいね！探そうよ！」ぴょんと跳ぶ子も、よく分からないけれど面白そうなことが始まる予感に引き寄せられている子もいる。私も「探そう！」とその場で即答した。どこに探しに行こうか…と考えながら。でも子どもたちの「何とかしよう」「助けたい」の気持ちを感じて、面白そうだから、一緒にまちこさんを探したいと思った。

まち歩きは続く。坂道を下りながら、「まちこさーん！」遠くに聞こえるような声で呼びかける。暗い車庫の

中を覗いてみる。歩みを進めるうちに、「お母さんと離れてるのかな…」えいいち君が呟く。「どうして迷子になったんだろうね」としげる君。「ずっと、こうやって、下向いてたからじゃない?」とえいいち君が首をぐっと下に下げながら歩く。すぐ後ろの列にいたみなこさんがそのやりとりを聞いて、「でもさあ、下向いてたかもしれないけど、"かんじ"で分かるんじゃない?」一瞬、その言葉にどのような意味があるのか分からなかったが、下を向いていたとしても人は"感覚"でどこを歩いているのか分かる、という表現が私の中でじんわりと、ほどけるように分かった。「足跡つければいいよね」という友だちの言葉に「どうやってつけるの?」とたえこさんが言う。それに対して、「うーん、砂場だったらつくよね」「全部砂場っていうのは大変だよ」「まちこさんみたいな人に 78 歳ですか?って聞く?」「でもそれって失礼じゃない?」歩きながら、うまチーム(この保育園では 15 名程度の異年齢チームが組まれており、チームごとに子どもたちが名前をつけている)一人ひとりの中に「まちこさん像」が膨らんでいるように感じた。相手の意見に対して理想と現実を頭の中に浮かべて、「でもさあ…」と伝えながら、気づきを言葉で表現しながら。

　午睡前のセッションで今日のまち歩きのことを振り返る。「18 歳って言ってたね」「お母さんと離れて迷子になった」「黒いズボンで、黒い靴」細かく覚えている。私がまちこさんの図を絵に描く。「150 センチってどのくらい?」「あおいっちが 155 センチだから、このくらい」と立って説明した。いつのまにか 18 歳に若返るまちこさん。

　どこに行ってしまったのか、どこであればいるのか。

　日をまたぐと少しぼんやりしてくる「まちこさん」は、うまチームの図書の部屋に掲示していた MAP やまちこさんの図を見るたびに子どもたちの中に蘇っている様子で、りゅういち君やはるおみ君がその絵や文字を指でなぞりながら「今日まちこさん探す?」「今日はまちこさん探しに行かなかったね」「見つかったかな」「もう見つかってごはん食べてるんじゃない?」と友だちに言ったり、私に言う。林の奥の方に行っちゃって迷ってるのかもしれない、とある日のセッションで意見が挙がり、また別の日にはスイミングスクール裏の林へ行ってみることになった。全力で呼ぶえいいち君。林にもいなかった。

　また別の日。「林の中はいなかったから、違う方に行ってみよう」とまち歩き。

　「あのヘリコプターも探してるのかも…」と呟いている。一人、黒いズボンに黒い靴を履いている方がいたので、「…あの人じゃない?!」「どうやって話しかける…?えいちゃん言いなよ…」とコソコソしながら熱い視線。「こんにちは。…まちこさんですか?」とえいいち君が代表で聞いてみたが、「こんにちは、違います」と言われる。「どこにいるのー?」「黒いズボン履いてるんだよね、あと黒い靴」「あおいっちより背が低い」と確認しながら、忠生町内を捜索する。

　うまチームの最近のまち歩きは、とにかく人に話しかける。えいいち君も、ゆきひろ君も、けやき組の姿を見て、かえで組のあっこちゃんも、つばき組のたえこちゃんも「こんにちはー」と挨拶するようになった。まち歩き中に他の幼稚園の子がちらっと園庭の隙間から見えると「おれたち、うまチーム!(きみたちは)何チーム?」自分たちから自己紹介する。「こんにちは」「今日はいい天気ですねえ」「何してるんですか?」

ごみ収集車の人にも「今日は段ボールいっぱいですね」と話しかける。あるときは紫色の髪の毛の人に「それどこでやったんですか？」と話しかけて、私と保育者のひろみさんがヒヤリとすることもある。自分たちから街の人とつながろうとする、関わり合おうとする気持ちが日に日に高まっていった。つながるとこんなに「面白い」が広がっていく。つないだ手からも伝わっていくものがある。

　探しているけれど、見つかったらいいけれど、最初は深刻だったけど。でも何だか楽しそう。突然巻き起こるハプニングを一緒に味わいながら、このチームで、このメンバーで、"今"だからこその動きや気づきの瞬間とグループ感。これからも私は大切にしたい。

　うまチームのセッションで警察に行けば迷子の人は見つかるかもしれない、警察に行こう！と警察署へみんなで行くことになった。「手紙書きたい」と持っていく。"いつも せかいの へいわを まもってくれて ありがとう"と子どもたちが書いた。いざ警察署に入ると、ぐいぐいのうまチームも警察署の中に入った瞬間すっと背筋が伸びる感じ。けれどもすぐにいつもの様子。手紙を渡して、事情を説明する。「迷子になったまちこさん、見つかりましたか？」と話すと、「まちこさん、まだ見つかっていないです」と警察官の方が答えてくれた。そしてまち歩きのときに交通安全のルールを教えてくれた。車に注意して、横断歩道を渡る。手を上げて渡ること。

「心配だ」

「黒の洋服から変わってるかもしれないよね」

「もう帰ってるかも」

　まちこさんのその後を帰り道にもぽつりぽつりと話している。見つかりましたよ、と言われると思っていた。丸く収まると思っていた。けれど違った。（町田市の放送だから、警察署だと詳細は分からないんです、ということだった）

　人、もの、出来事との関係性を結ぶ中で、解決したり、また新たな疑問が生まれたり。なんでだろう？どうなったかな。まちのフィールドと共に、興味や関心がぐっと広がり続けている。

※保育者以外の人物は仮名です。

主体と主体が織りなす環境

　角さんのエピソードでは、子どもたちと園外との関係性が結ばれていく様子が書かれています。行方不明の方を保育の中で探すことに対して「保育の幸」と名付けるには不謹慎ともいえるかもしれませんが、子どもたちのまちこさんへの興味心には社会とのつながりを感じますし、探索の中で思いもよらぬ出来事に遭遇することは保育の本質ではないでしょうか。

　園外とはさまざまな主体に出会う可能性に満ちた環境です。園内は倫理観を共有する者同士が安心して暮らせる場所ですが（そう願いますが）、外へ出てみると自分たちの生活スタイルや常識だと思っていた感覚とは異なった存在と関わらねばなりません。心地よいことばかりではなく、怒られたり注意をされたり、急に雨が降ってきたり、車が飛び出してきたり、ままならないことも多く起こります。それでもやはり園外に出たくなるのは、その、ままならない中に新しい発見や保育の幸が隠れているからです。

　まち歩き中にご近所の方が雛人形を子どもに見せたいと言って家の中へ招いてくれたことがあります。（今日の保育計画では公園で遊ぶことになっているんだよな…）と悩んでいようが子どもたちはお構いなしにお家の中へお邪魔します。すると居間に置かれた豪華な雛人形が現れ、皆で息を呑みながら目を輝かせている。この瞬間、近所の方は保育者的存在となり保育体制は潤沢になる。担当している保育士もリラックスして保育の場に立つことができる。こうやって地域の中に多くの保育者が増えると保育はさらに楽しくなります。

　近年、気がついたことは、まちを歩きながら保育の仲間が増えることは私たち保育施設にとってありがたいことです。それと同時に、実は地域の方々の側も仲間が増えていることでもあります。子どもが動脈となって大人と大人が分かち合い、子どもが美味しそうにほおばる保育の幸を仲間で活かしていく。これはどんど焼きの節で語った、地域の共有する倫理やマナーを共に創造していくことと同じです。

4章 ····· 村と保育園 ····· 101

あわいで出会う

　これまで見てきたように、園外にも楽しさを求めていく保育では、「目的がないという保育計画」をどのように設計していくかがキーポイントになります。保育計画の月案のようにあらかじめ決められた目的があることも子どもたちの経験や出会いを促進しますが、まちこさんのエピソードのように子どもたち自身が右往左往しながら関係が広がる保育は予測不可能な心揺れる楽しさがあります。大人も子どもも未だ出会ったことのない保育の接面にこそ、保育士に限らず誰もが保育に関われる隙間が開くのです。この間（あわい）を楽しむ人々が保育施設の内にも外にも増えていくと子どもにとっての関係人口が一気に膨らみます。最近の量子力学の分野でも万物すべては関係し合っていて相互作用によってのみ存在すると考えられていますし、東洋哲学でも「事物は他のもののおかげで、他のものの働きとして、他のものとの関係で、他のものの視点から存在する」と語られています。他者との関係によって自分が存在していると考えると、どんどん園外へ向かい関係を紡いでいけば自分たちの存在がよりよく「視えて」くるという保育が誕生します。

保育が最高に楽しくなる

　私たち大人は、普段は経験から培ってきた概念やイメージの想起から世界を把握しています。これは経験値の活用として非常に重要な能力ですが、子どもといるとしばしばこの経験が煩わしくなるときがあります。先入観によってリスクや失敗のイメージが見えてしまい、その先にある貴重な恩恵を手放してしまうのです。対して、子どもたちはリスクや失敗などお構いなしに「楽しそうだからやる」にすべての体重をかけることができます。この野生的ともいえる思考と感性に身を任せて生きていけることに私は少なからずの嫉妬を覚えます。造形作家の中島智は芸術への陶酔を「それはまるで脳神経を直接に物自体につないだかのような生々しいリアルであり、観念によって曇らされていない裸眼の情報」と表現していますが、子どもたちはこの裸眼に近い状態でまちを歩きます。かつて今和次郎や赤瀬川原平らが街や路上を先入観を外しながら裸眼で歩き回り、文化人類学的で芸術的視点によって新たな価値を見出していたように、保育者も子どもたちの背中を追いかけてその目線の先

4 章　・・・・・　村と保育園　　103

に溢れる保育の幸を採集しに園外へ出てみましょう。

　GoogleMAPには載っていない"子どもの裸眼で見えてくるまちMAP"。保育者は、保育指針の道徳をポケットに詰め込んで、保育の幸を探しにまちへ出ていく。目的通りに進めねばならない計画よりも何が起こるか分からない冒険が私たちを待っている。それを容認できる地域共同体＝「メタファーとしての村」をどのように構築していくのかが「園外保育を最高に楽しむ」ためのアイデアの一つになりえるのかもしれません。最後に、村の創造における私なりの倫理を三つほど提案してこの章を閉じたいと思います。

● 煮詰まったときにユーモアが発生しやすい村
● 笑いや微笑みのマナーが感じ合えている村
● 人に限らずさまざまな主体へ思いやりのある村

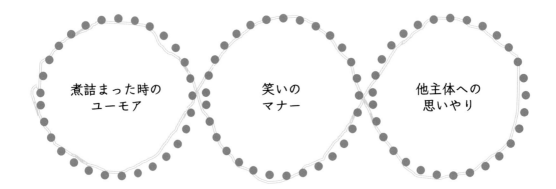

5章 ……… 地域コミュニティをデザインする保育園〜まちの保育園 吉祥寺の挑戦〜

5章 地域コミュニティをデザインする保育園
～まちの保育園 吉祥寺の挑戦～

まちの保育園・こども園代表
松本 理寿輝（りずき）

チームまちの保育園

そもそも、保育園における地域コミュニティとは？

　私たちは「一人ひとりの存在そのものを喜び、互いに育みあう、コミュニティを創造する」という保育理念のもと、園を運営しています。1園目の小竹向原園が開園してから、もう10年以上が経ちますが、創業からずっと、二つの視点を持ち続けています。「子どもたちの学びの未来をつくること」と「地域の未来を築くこと」。保育園に通っている子どもたちは、どうしても家と保育園の往復の日々になってしまいがちですが、

106　園外・まち保育が最高に面白くなる本

多様性に富んだ人々が働き暮らすまちは学びの宝庫です。それこそ一生モノの出会いや体験が得られるかもしれない。子どもの学びに地域の資源を生かしていきたいと考えています。

　一方、地域に目を向けてみると、母親の"孤育て"や一人暮らしの高齢者、中高年の引きこもりなど、地域交流が希薄なことが引き金となる社会課題もあります。子どもを円の真ん中に、家庭、保育者、地域の人たちがつながりあって"コミュニティ"をつくっていけたら、みんなにとってウェルビーイングな循環が生まれるかもれません。子どもたちと、家庭と園と、まちで貢献的な共存関係を築いていきたい。行政に頼る"公助"だけではなく、市民同士による"共助"の関係を充実させていくためにも、自分たちが地域運営主体となって、子どもたちと、まちと関わっていこう。そのような想いでまちの保育園は始まりました。

　子どもを真ん中に、家庭、保育者、地域で働き暮らす人、園に関わるすべての人を"コミュニティ"と捉え、子育てを社会に開いていく姿勢を大事にしています。これからの学びの環境を考えたときに、園や学校が一番大事にすべきことは、学び方を学ぶ場所であることだと思っています。いい学び方は、いい学び方を知っている人と出会うこと。楽しみながら学んでいる人、ある領域のことを夢中で深掘りするような人と、いかに出会えるかが大切なのではないでしょうか。学び方を学ぶための教材や、子どもにインスピレーションを与える人物は地域社会にいるのではないか、という仮説を持っており、子どもたちが社会の人々とつながっていけるような環境をつくっていきたいと思っています。

　私たちは、コミュニティを木の年輪のように捉えていて、「年輪」の芯には子どもが、そのひとつ外側には保護者と保育者が、その外側には親戚の方や保育園の関係者、さらに外側には地域社会、もっと広い社会、そして世界があります。年輪が豊かに育まれてゆくために不可欠なのは、年輪の芯がまっすぐでたくましいものであること。子どもを中心にした保育者、保護者の信頼関係をベースとしながら、地域との関係性を育み、社会の中での保育園の役割を見出していくことが必要だと考えています。

　子どもたちと共に活動し、保護者・保育者と対話し、地域の人の想いを受けるなどしながら、豊かな人の交流のデザインをする。それは、子どもにとって、周りにいる私たちが、何よりの環境と思うからです。「まち」は、生きた学びで溢れています。人格形成期の子どもたちが、人と心をかわし、場に出かけ、文化に触れ、人生やあらゆる世界の魅力に出会いながら、日々を充実したものにしていって欲しいと願っています。

　また、まちぐるみのコミュニティが発展して、保護者の方々も自然に参加して喜び合う、子どもだけでなく自身の幸せにもつながるというのが暮らしの場での豊かさだと考えています。そのような地域のウェルビーイングの拠点に、保育園やこども園がなっていくといいなと思い描いています。

　今回は、私たちの3つ目の園、まちの保育園　吉祥寺の実践を例に、地域コミュニティと園の関係性について、皆さんと考えてみたいと思います。

パンデミック後の「家族と園」のあり方を再構築する

　2014 年の開園以来、吉祥寺園では、家庭との関わりを意識しさまざまな活動を行ってきました。市民団体の方との毎年の土づくり・野菜づくり、保護者と企画をしたイベント「まち " が " 保育園」、地域の人も招きながらお酒を飲みつつ学び合う会「まちの保育 Bar」。その中、2020 年 1 月、中国の湖北省武漢市で最初に確認された新型コロナウイルスが日本でも発見されました。瞬く間に感染者数を増やし、3 月中旬頃からは、おそらく日本中の保育園・幼稚園・こども園が、子どもたちの命を守ることと、子どもたちの経験の保障 (保育の継続) の間で揺れる日々が始まったことと思います。私たちの園でも、この未曾有の事態に対してさまざまな対応を検討し、試行錯誤する日々がありました。慣れないオンラインの活用などもできる限り検討、実験しましたが、先述のような保護者、地域との交流、園の開放などをどうしてもこれまで通りには行えない状況がありました。

　その後、新型コロナウイルス感染症は 5 月 8 日をもって、「感染症の予防および感染症の患者に対する医療に関する法律」上の 5 類感染症に移行。もちろんまだ感染症との戦い、共存は続いているわけですが、保育園・こども園は日常を取り戻しつつあります。この経験を経て、改めて、園はどのように子どもたちと関わり、日々の保育を行っていくかを考えるようになりました。また、家族と園の在り方を再考しました。数年間思うようにできなかったコミュニケーション機会の再開、家庭とのコミュニケーションをどのように取り戻していくのか、子ども時代を豊かにする連携を保つために、プロフェッショナルな専門家としてどのようにコミュニケーションを取るのか。考えること、対話のテーマは山積していました。

　この中で生まれたのが、「グリーンアトリエ」という構想です。

「グリーンアトリエ」という思考のプロセス

つながり

Green
Atelier

美しさ
感じること

循環

3つの構成要素

吉祥寺という地域と保育園とを考えて、子どもたちにとってどのような園や環境にしていきたいかを改めて職員全員で話し合いました。その時に出てきた、それぞれの日々の保育で大切にしたいことを分類したところ、大きく3つに分かれました。「つながり」「循環」「美しさを感じること」。このキーワードが中心となり、自分たちの大切にしたい保育観や子どもの見方を職員で共有することができました。

（職員の声から）

・この武蔵野の緑あふれる環境や、近くの公園に行く機会も多いので、戸外と保育園の遊びをつなげられるアトリエをつくりたい。まちの特徴を活かしてもっと室内環境に緑を取り入れていきたい。まちのお花屋さんからもらうロスフラワーも活用したい。

・吉祥寺のまち（人・自然・文化）を五感で味わえてどう生きていくか体験できる空間にしたい！そのインスピレーションを 100 の言葉 * で表現できる場にしたい。

・武蔵野の豊かな自然との関わりを乳児から大切にしてきた、この歩みを大切にしたい。

＊ レッジョ・エミリア・アプローチでは"冗談じゃない。百のものはここにある。"という書き出しが印象的な『子どもたちの100の言葉』の詩を子ども観の中心においています。子どもたちはその可能性において豊かであり、有能で、力強い存在である。100ものアイデアを、そして100を優にこえる表現言語をもっていると、この詩は示しています。私たちの保育でも、このレッジョ・エミリア・アプローチの子ども観に非常に共感しています。

カフェスペース（多目的空間）をみんなのアトリエに

　グリーンアトリエを考えていく中で、保育環境の大切さを改めて意識し、職員の想像・発想が生まれる空間になるように、素材を選定したり、選びたくなるようなディスプレイを意識して環境を変えてみたところ、実際に、子どもたちの姿から次の活動を考え、ものを持ち出す保育士の姿が増えました。クラス共通で同じものを使える良さもあると感じます。発達の違いを捉えつつ、素材と子どもたちがどのように向き合っていくのか、職員の学びにつなげていきたいです。また、各々の活動を見て新たな発想も生まれると感じます。園全体で同じ気持ちで取り組む難しさはあると感じていますが、カフェがそのつながりをつくるきっかけの場になっていくのではないかと手応えを感じています。

プロセスを感じる環境へ

　園庭、室内の道具も見直して、よりシンプルにし、一つひとつの意味を考えました。素材と組み合わせてより引き立つものを選択したり、遊び方を規定しない、さまざまな用途に使えるものを揃えました。子どもたち自身も、素材・道具の一つひとつを大切に扱ったり、より違いを感じつつ、自分の好きなものを見つけて遊び込むことで、道具とより仲良くなっていっている姿があります。手に取りやすい場所にあることで、子どもたち自身が「やってみたい！」という気持ちを素直に表現して、素材や道具を手に取る姿が増え、すぐに行動を移しやすい環境になったと感じます。また、活動を振り返りやすい室内環境を意識したことで、ドキュメンテーションや子どもたちが描いてきたものも、プロセスが分かるように掲示するなど、私たちの意識も変わってきました。子どもたちが自分の活動や姿を振り返り、次への楽しみや新たな発想が生まれるような環境にしていきたいと思います。また、保護者の方にもプロセスがより伝わり、保育への理解も深めてくださっているように感じます。

家族の"参加"をデザインする

　保護者と保育者とでグリーンアトリエについて対話する時間を持ちました。「子どもの興味から始まる」をキーワードに、子どもたちの過ごす吉祥寺の環境を多方面から対話して、保育園での活動や家族で過ごす日常などから、どんな風に過ごしてほしいか、もっと子どもたち・保護者・園・まちとでつながっていけることや、やってみたいことなどを話しました。

　まちの魅力について一緒に考え、保育園からの発信だけでなく、家庭が加わってさまざまな発想を出し合ったことで、園と家庭との想いを通わせ、新たな可能性に気づくきっかけになったと感じます。

まちの人の"参加"をデザインする

　先述のとおり、私たちはコミュニティと共にある保育を目指しており、グリーンアトリエの構想をベースに、地域との関係を再構築してきました。

　近隣の商業施設に入っているお花屋さんとは、コミュニティコーディネーターが声をかけてつながったことがきっかけで、その後定期的にロスフラワーを園に持ってきてくださるなど関係が始まりました。お花屋さんが花についてお話ししてくださったり、いただいた花をマイクロスコープで観察したり、絵を描いたり。花屋さんの看板をつくってほしいという依頼をうけて、子どもたちが看板に絵を描いたこともありました。お互いに顔が見える関係性になっています。

　この事例は、まちの人の"参加"とともに、子どものまちへの"参加"の機会にもつながっています。

2022年会場 井の頭公園

「みんなでまちほいく」

　これは吉祥寺園が子どもたちの遊びや興味から始まっていく活動を、保護者にも一緒に体験・体感してもらう日として始めた取り組みです。さらに子どもの姿を伝えたいという想いや、一緒に体験してほしい、大切にしている保育の視点を感じてもらいたいなど、「家族も一緒に考える」ことのきっかけになるような時間にしたいと思っています。地域をフィールドに、内容は毎年それぞれのクラスで子どもの興味関心や、楽しんで

いる活動をもとに計画しています。

　2023年はグリーンアトリエの思考をもとに、活動を行いました。

　2歳クラスは保育の中でたくさん使う「紙」に焦点をあて、描いて終わりではなく、再利用できないかと考えます。当日は、保護者のみなさんと一緒に、子どもたちが描ききった紙を細かく千切ってかくはんし、それを平たく伸ばして新たな紙を再生しました。

　一方、3歳〜5歳の幼児クラスは子どもから「ゴミを拾おう」という声

2023年会場 武蔵野エコリゾート

が出て、親子でゴミ拾いをしました。これは、当時子どもたちの中で「海の探究」が深まっており、その中で海洋ゴミに触れた実体験から出た考えです。「まちをきれいにしたい」ということと「拾ったゴミを再生できるかもしれない」という二つの想いが子どもたちにあったからです。

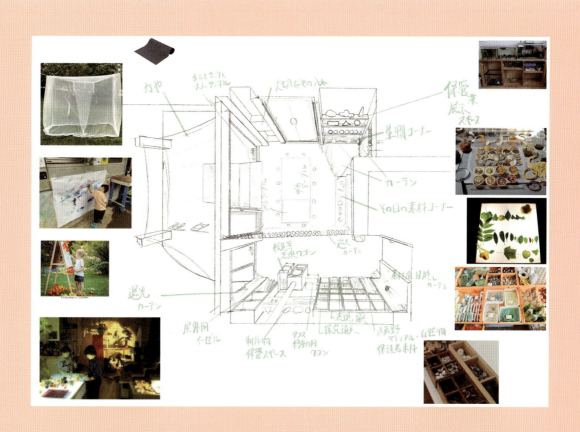

まち（地域コミュニティ）を子どもと再考する

　まちの保育園では、数年前より全園共通で「まちって何？」をテーマに、探究活動を行っています。吉祥寺園でも、まちの探究や探索を行ったり、家族でまち歩きをしたり、まちと子どもの関係性について探究、研究をしてきました。

　ある時、5歳児のある子どもから「まちをつくりたい」という声が上がりました。構築遊びをしてみたり、絵で描いたり、土粘土で作ったり…。さまざまな表現方法にトライはしてみたのですが、見立て、表現の難しさを感じ、そもそもの"まち"をさらに知る必要があるのではないか？ということに行きつきました。

　少し時間も経った後、「まちってなんだと思う？」と子どもたちに問いかけてみました。

● **ひとがたくさんいるところ**
● **えき**
● **おうち**
● **おみせ**
● **まちのほいくえん**

　さらに「まちのほいくえんのまわりもぜんぶまち！」という声も上がりました。

　そこで、保育園の屋上に上がって、保育園の周りにあるもの、ないものを考えてみました。

　子どもたちが見つけた「保育園の周りにあるもの」

● **くるま（いろんないろ、かたち）**
● **みかんのき、りんごのき**
● **ゴミ**
● **そら**

- はっぱ（いろんないろ）
- おうちから ほいくえん とおるところ
- こうじしてるところとしてないところ
- せんたく
- たけ
- おうち
- まど（あいているところもある、いろんなかたちがある）
- ゆずのき
- かせん
- くも
- しんごう
- わたるマーク、やじるしのマーク
- でんちゅう
- でんしゃ、でんせん
- どうろ
- しょうがっこう　他

　その後、屋上から見たときと、実際に歩いてみるのとはまた違った発見があるのではないかと思い、園の周りのよく通る道で、まち探しをしてみました。
　子どもたちの話が盛り上がったのは"電線"と"電柱"。屋上でまちを眺めた際にも「でんせんはどこまでつづいているんだろうね」という声がありました。歩いてみると、「でんせんはぐるっとまわってつながっている」という気づきがあったようです。「でんちゅうからでんせんが いえにつながって でんきが通ってるんだよ」と教えてくれた子どももいました。「まちがでんせんでつながっている」「まちのほいくえんにもつながっている？」新たな疑問も生まれました。大人はなかなか電線を意識することはないですが、いつも通っている道も、子どもと歩くと再発見があります。子どもたちの豊かな感性にはいつもハッとさせられます。

まちのマップをつくろう

　このまちの探究はマップづくりへとつながっていきました。先日まちを歩いた際に子どもたちが撮った まちの写真を用意し、並べただけでも「これはここにあったよね」「ここ、〇〇のとこだ！」などと子どもたちの言葉が止まりません。そして、それらの写真を地図の上に貼っていきました。「それはこっちだよ」「これはどこ？」と相談し合いながら進め、子どもたちの発見と思いでいっぱいの地図になりました。

　このマップづくりは、まちにあるものの位置関係が分かったり、まちに親しみがもてたらという思いで保育者が提案したものです。実際の子どもたちとの活動を通して、子どもたちが感じ、見ているまちの姿が見えてきました。

　この探究には保護者も積極的に参加してくださいました。家でもまちをつくる子が出てきたり、「まち」というワードが頻繁にご家庭との会話の中からも聞かれるようになりました。

それぞれの考える「まち」

「まちってなんだろう？」をもう一度考えてみる

　そこから5か月が経ち、以前まちの活動をしてから"まち"という言葉を身近に、自然と使うことが増えた子どもたち。朝から「まちをつくりたい」「きょう、がいこつのまちのゆめをみたの」とまちの話が出ていたので、「まちってなんだろう？」を改めて子どもたちに問いかけてみました。

2 グループにわかれて対話します。

● はたらいたりおかねをためたりするところ、いいばしょ
● おさんぽいったり、こうえんいったり、あそんだり
● てれびをみたり、こうえんでアスレチックしたり、おやつかってたべたり
● がいこつがいる（がいこつのまちのゆめをみた）
● まちのほいくえん
● いろんなことをけんきゅうしたりする。じをつくったり、かばんをつくったりする

たいせつにしたいまち

　上記の対話のあと、お互いのチームで出たことを伝え合いました。そのときにさらに出た言葉で印象的な話がありました。
　「まちはたいせつ。たのしいところもあれば、いやなところもある。こわいばしょもある」

どうして大切なの？

「たいせつにしないとこわれるから」

まちがこわれるって…どういうこと？

　「おにがまちをこわす」「せんそうをしたらまちがこわれる」「せんそう…ちがうくにからせんしゃやばくだん」「たたかうことがせんそう」「どうぶつえんでせんそうの（ビデオ）みた」

大切にしたいまちって？

● ひと、おみせ、たてもの、き、えだ、ものぜんぶ、じぶん
● かみもつくえもきでできてる　つくえをきったりしたらつかえなくなる

　自分もまちの中の一部であること。まちの保育園について考えることは、まち、地域コミュニティについて考えることにつながっていくようです。

5章　……　地域コミュニティをデザインする保育園〜まちの保育園　吉祥寺の挑戦〜　……　117

身近にある「公園」を遊びつくす

公園はどういう存在なのだろうか

　吉祥寺園のすぐ近くに、「すくすく泉公園」という公園があります。幼稚園の跡地に整備された広場型の公園で、遊具はありませんが、草花や季節ごとに実る果実など、都会にあって豊かな自然を楽しめる貴重な公園で、開園以来、園の子どもたちがお世話になっています。

　こういった日常の中にある公園ではありますが、子どもたちにはどのような存在なのでしょうか。好奇心をそそられる場。第2の園庭（吉祥寺園にも小さな園庭があります）。やってみたいを実現できる場。住んでいるまちのことを考え続けられる場。

　自然と子どもとの関係性も大切なポイントです。日常的に訪れていることで、温度、気候の変化、においも感じ取りやすい場なのではないでしょうか。

　雨が降るとできる大きな水たまり。雨の量で水たまりの大きさも違うことに気づいた子どもたちの姿もありました。透明なボウルと水たまりの水で遊ぶうちに、色の違いに気づきます。自分が見ている水たまりの水は茶色い、すくうと透明だけど、ボウルを土の上に置くと茶色くなることを不思議がる子どもたち。こういった身近な変化から、学び・探究へとつながっていく様子を日々見ています。

　想像が広がったり、活動のきっかけ、種になるものと出会ったり。虫や自然に興味が湧いたり、生命を愛おしく感じる瞬間があったり。身近な公園は子どもたちにとってインスピレーションの宝庫です。

「カラスノエンドウのプロジェクト」

あるとき、公園に生えているカラスノエンドウを集めている4歳児の子どもたちがいました。カラスノエンドウはご存知の通り、秋に発芽した後、越冬し、春に大きく成長して赤紫色の奇麗な花を咲かせる植物です。エンドウという名前がついているように、小さいキヌサヤのような緑色のサヤがつき、熟すと真っ黒になります。子どもたちはカラスノ

エンドウのサヤの中に豆があることに気がつき、「かんさつしたい」と園に持ち帰りました。マイクロスコープ、白い紙、ペンなどのツールをセッティングしてみると、思い思いの観察を始めました。

観察しながら、「えのぐやりたい。おんなじいろつくりたい」とKくん。ここから描く探究にもつながっていきます。黄色と青いえのぐを選んで、混ぜ合わせ始めました。

「いろんないろにした。だって、(カラスノエンドウと)おなじいろにしたいから」

「きいろいたまごいろ。はしっこはカラスノエンドウ。まんなかはきいろのたまご。なかまなんだよ」

紙いっぱいにさまざまなみどりを作り描いていきます。興味を持って、観察してきたものたちが合わさったような不思議な色合いが出来上がりました。仲間ってどういうことだろう？子どもたちに聞いてみたくなりました。

毎日のように続いていたカラスノエンドウの探究。ある日、子どもたちは黒くなったカラスノエンドウに出会いました。

子どもたちの仮説「どうしてカラスノエンドウは黒くなったのか？」

● 病気になってしまったのではないか
● 時間が経ったから黒くなった。夜になると黒くなるのではないか
● 誰かが焼いたのではないか
● 大人は黒くて、緑色のサヤは赤ちゃんだったのではないか

思い思いの仮説を立てて話し合う子どもたち。
　4歳児クラスの子どもたちは、「時間」という概念が少しずつ生まれ、変化する色や、形を敏感に受け取り、予想している姿がありました。
　その後も、この色が変わったカラスノエンドウを題材に、子どもたちの探究はまだまだ続きます。保育園に戻って観察したいとのことで、持ち帰りました。マイクロスコープを使って観察していたMちゃんは、「いろをつくる」と絵の具を使って、カラスノエンドウの色づくりを始めました。

「くろだとおもったけど、ちょっとちがういろのところもある」
　Aくんは丁寧に、中身を取り出し「ぜんぜん。ない」と何かを探し続けていました。
「ほうせきがみつからないんだよ」と呟いて、図鑑とカラスノエンドウを見比べて、「ここにあるとおもったんだけどさ」と不思議そうに見つめていました。
　同じものに出会っても、不思議に思うところは一人一人異なります。
「よるになるといろがかわる」と言っていたことをサークルタイムで知った「カラスノエンドウは、よるになってくろくなる」という仮説にみんなは「じゃぁ、あさはどんないろ？おひるは？」
　想像しながら絵の具で色を作って描いてみました。
「なつのおわりのいろ。カラスノエンドウ」

「あさになって、よるになって、それでずーっと まいにち、まいにちして。かれちゃうんだよ。たつまきがおきて、おっきいくもにとじこめられるんだ！でも、たねをまいてまいにち、ちょっとのびる」

朝と夜の色が違うのかな？と想像しながら、自分の頭の中でイメージを膨らませていく。

すると、季節によって違うのかな？という考えが浮かんだり、天気と結びついて物語りがつくられていく様子がありました。カラスノエンドウの色が変わるという事実は、その植物が生きているからこそ起きる不思議な出来事であり、子どもたちにとって心が動く変化だったように感じました。公園で出会ったカラスノエンドウから子どもたちの興味のスイッチが入り、子どもの既知が寄せ集まって仮説が立てられ、更なる探究につながっていく。子どもたちの姿と探究のプロセスに魅了されました。

日常の中の非日常

あるとき、5歳児の子どもたちから、井の頭動物園に遠足に行きたいという声が上がりました。井の頭動物園は園から徒歩15分くらいの位置にあり、子どもたちも保育の中でたまに訪れているのですが、他の園の子たちが遠足に行っている姿を見て行きたいという声が上がったようです。早速子どもたちがプランを考えて、園長先生と相談をします。そして、

お煎餅を持って動物園に行くという企画が実現しました。その経験はとても楽しかったようで、続けて、「次はおにぎりを持っていきたい」という声も上がりました。第2弾はおにぎりを自分たちで作って、すくすく公園でお花見（おにぎりピクニック）をするという企画に決まりました。

いつもの公園が特別な公園になり、いつもの景色がまったく違って見えます。

こういったことも、きっと子どもたちの心に残る経験になるのでしょう。園外保育が最高に面白い瞬間の一つなのだと思います。

「子どもは想像の達人」

　ある日のお散歩から、もう一つ、子どもの姿をご紹介しましょう。
　園の子どもたちが日常的に訪れている公園に、地面からニョキッと出ている1本の木の枝がありました。子どもたちは散歩のたびに、この木の枝を引っ張っていました。ある時、「この下にはなにがあるの？」と問いかけてみました。大人はどうしても、頭からこの下には根っこがあると考えてしまいます。ですが、その時に子どもたちから出た言葉、子どもたちの考えは、驚くほどバラエティに富んでおり、大人の想像を優に超えていました。

「あかちゃん」
「たからもの」
「虫がたくさんいる」

　子どもは見えない世界を想像する達人です。そして、園外の環境や、自然の変化は子どもたちの実体験の源となり、その想像の世界をさらに豊かにしてくれます。私たち大人は子どもたちの考えや思考に寄り添うことから、始めていきたいものです。そして、子どもたちの想像の世界に耳を傾け、保育者自身も、子どもたちの世界を一緒に楽しんでいきたいと思います。

この下にはなにがあるの？

6章 ······ 都会でもできる「森のようちえん」

6章 都会でもできる「森のようちえん」

NPO法人もあなキッズ自然楽校
理事長

関山 隆一
（せきやま りゅういち）

地域に根差した森のようちえんの実践

　この章では、私が実践を行っている園の神奈川県内にある園のうち、二つの特徴ある事例と、私が2021-2024まで墨田区の保育アドバイザーとしてかかわった園の事例を紹介したいと思います。私は、2009年に生まれ育った場所でもなく、知人が一人っ子一人いない環境の中、横浜市都筑区にあるビルテナントの1階部約20坪のテナントから認可外保育施設を開所することからはじめました。幸いなことが二つあり、一つは初年度7名の園児がきてくれました。もう一つ幸運なことは歩いて5分ほどでニュータウン内にある自然緑道の入り口にたどり着けることです。毎日その自然公園へ出かけ、時間いっぱいまで遊ぶ、いわゆる「森のようちえん」の保育がスタートしました。

　「森のようちえん」とは自然を主に活用した保育スタイルの総称であり、園舎が有る、無いに限らず、自然環境を最大の教材とする保育のことをいいます。その後2011年には、0歳児から2歳児までの横浜市の認証保育施設もあな保育園も開所しました。小さな子どもたちは、雨の日や寒い日や暑い日であっても毎日自然公園に出かけ、それぞれにそれぞれの遊びを展開し、子どもたちがやりたいことに、なるべく蓋をしない保育を行って、その結果子どもたち自身で、楽しいことをつくり、遊んでいます。

　地域資源としては、自然だけではなく、地域の人々が緑道を歩いており、子どもたちに「今日も元気だね」であるとか、「この子たちは昔の子と変わらないね」とたくさん話しかけてくれます。また、この広大な緑地を小さな頃から毎日、遊び尽くしている子どもたちは、新人の大人よりも遥かに子どもたち自身が遊んでいる領域を把握しており、柵なん

「いっしょにふーってしよ?」

かなくても、みんなが周囲で遊んでいます。もちろん遊具なんかありません。周囲にある枝や葉っぱや草花にピーンときて「いいこと思いついた!」と、次々に遊びが展開していきます。※1 そんな子どもたちを地域の人たちが見て、「あの緑の帽子をかぶっている子たちはどこの園の子なのかしら」と興味をもっていただき、少しずつその地域に私たちの実践の「善さ」が広がっていきました。

※1　P149の参考文献一覧、参照

雨の日だってなんのその

地域に根差した実践（大磯町編）

　横浜で活動していた私たちの実践は県内に広がり、2015年に縁あって神奈川県大磯町に9名定員の小規模保育所を開園することとなりました。設置にあたり、役場の人とお会いする機会をいただき、私たちが考えるビジョンをビジュアル化（図-1）し、プレゼンテーションさせていただきました。

　図-1のいくつか描いたものの中には、その当初まちになかったものを描き、表現しました。なぜ現存しないものを描いたかというと、例えば、子育て中のお母さんたちが集う場が少なく、産科や助産院はなかったことから、まちに必要だと思うものを描き、その中心に保育園を描きました。すなわち、私たちは、保育所の整備を目的として、まちに参画したのではなく、まち全体が、子育てしやすいまちや、長期的にまちが活性化されるために、参画したということを伝えました。そのことに役場の人も大変興味をいだいていただきました。

大磯町全体を描いた地図　illustrated by 森川 正信　（図-1）

　人口3万人の小さな港町である大磯町は、明治時代に偉人の別荘地として栄えましたが、相模湾での漁獲高が減り、東海道線の特急は停車しない、さらに海沿いに湘南バイパスができ、国道1号線（東海道）沿いのお店に勢いがなくなっていきました。そのような環境下、下町の高齢化の進む商店街の一角のビルテナント（園庭はない）の1階に、数十年ぶりに新規の保育園を開所しました。

子どもたちは、その商店街を毎日歩き、歩いて5分の海岸や漁港に出かけ、保育園の北側には、大磯丘陵という森に出かけていきました。その後、緑の帽子をかぶった園児を毎日見かける商店街の人たちや地域の人たちが、話しかけてくれるようになり、教会の敷地に入れてもらったり、プライベートの敷地になっている金柑をとらせていただいたりと、子どもを媒介しながら、まちのいろいろなところを練り歩くようになっていきました。さらに1年、2年と経過するうちに、商店街の方々が、店

干されたおさかなたち

の前を子どもたちが通ると出てきて「おはよう」とお話しをしてくれるようにもなりました。そればかりか漁港の漁師さんとも仲良くなり、「サバもっていけ」とか、網の補修中に漁具である網をみせてくれたり、「おい、船にのせてやる」と停泊している船にのせていただいたりするようになりました。その後もまちの多くの人たちが、子どもたちの世話をしてくれるようになりました。

漁港にて

開園から5年が経ったころ、近くにある郵便局（日本郵政）の方から、郵便局の敷地内の遊休スペースを利活用してくれないかという相談を受けました。歩いて数分の場所ということもあり、まちに相談したところ定員を12名に増員することで合意をいただき、当初ビルにてコワーキングスペースを運営していた事業者と共に移転する話が進みました。しかし、私たちの移転先は、郵便局が物置として使用していたガレージでした。コワーキングの事業者はガレージ隣のかつてハガキの仕分けをしていたスペースを借りることとなりました（図－2参照）。

漁港にて

正直、ここでやっていけるかなという不安もありました。しかし一方で、私たちとまちの人たちのとのつながりが深まった好機がありました。明治時代に財閥の方々の別荘地として人気のあった大磯町には、三井財閥の三井守ノ介さんが建てられた三井邸という別荘がありました。その後長い年月を経て、昭和の時代に新しい三井邸を建築することが決まり、旧三井邸は解体されることとなりました。ですが、まち会の方々は当時のすばらしい建築を焼却することはせず、遺産として保存しようと保存会が立ち上がりました。そして、なんと、その建材を保育園の建築部

郵便局のガレージから保育園へ

6章　　都会でもできる「森のようちえん」　　127

材として寄付していただく運びとなったのです。保存会の方々も子どもたちの施設であれば、別の形になるとはいえ、後世に残すことができると、承諾いただきました。これらの出来事は、まちへの大きな二つの貢献となりました。

　一つは、「子育てしやすいまち」を目指す中で、まちのコミュニティの一員として参加していたことが、少しずつ周囲の方々から信頼されたことで、郵便局の遊休資産（ガレージ）のリノベーションにつながり、保育園移転の利活用ができたこと。

はじめて海でタコと出会う瞬間
（筆者園にてイメージ）

　もう一つは、まちの遺産である旧三井邸の部材（建具やステンドグラスなど）を保存会の方から寄贈していただき、子どもたちのための福祉施設が、後世の人に残す遺産としての役割となったことです。このことは、まちの人々との距離をぐっと近づけ、園の移転後、多くのまちの人々が保育園を訪れてくださるようになりました。来園された方々には、これまでの経緯が書かれた看板をご覧いただいています。

大磯の海をながめ海を感じる子どもたち

　この日本郵政の遊休資産活用の計画を実行した頃は、コロナ禍でした。世間では閉塞感が漂っていましたが、私たちはこのコロナの期間をある意味ライフスタイルを変える好機と捉え、移転にあたりコワーキングスペースの事業者と話し合いを重ねました。そこで考えたことは次のようなことです。

　コロナ禍以前は、大磯から東京まで片道約2時間もかけて出勤されている人たちが、コロナ禍でテレワークやコワーキングスペースで仕事

近所のお寺さんの境内にて梅をいただく

をされる方が急増しました。私たちはコロナ後も同じような出勤スタイルにならないのではと予想し、コロナ禍以後のワークライフバランスを考えました。

128　園外・まち保育が最高に面白くなる本

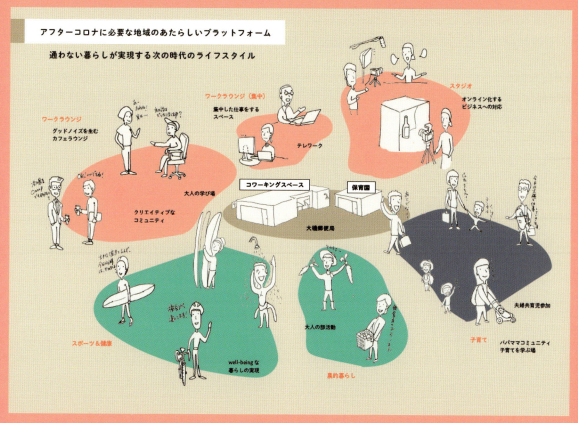

保育園を中心としたまちづくりデザイン　illustrated by 森川 正信　（図-2）

　郵便局の敷地内にある保育園とコワーキングスペースは、徒歩15秒の距離にあります。そこで仮に保育園に入所ができ、コワーキングスペースで仕事をした場合、コロナ禍以前に毎日往復約4時間をかけていた時間が無くなります。すなわち、1日に4時間もの時間を、仕事以外の時間に費やせることになります。サーフィンをしたり、畑で農作物を育てたりと、好きなことができる時間が増えます。また、子どもと夕方ビーチを散歩したりと、家族と一緒に過ごせる時間も今まで以上にできるでしょう。

6章　……　都会でもできる「森のようちえん」　……　129

このような人たちが増えれば、新しいコミュニティが生まれ、コワーキングスペースがある種のコミュニティの「場」となります。人々が入り混じり、新たなアイデアが誕生し、まちを活性化していくのではないか、と考えたわけです。もちろん、認可小規模保育園という、まちの利用調整制度であるため、保育園に入れたらという前提ではありますが、この実践は、さらなるまちへの貢献につながると考え、図-2のように可視化しました。

　この大磯の実践事例では、私たち新参者が子どもたちと一緒に散歩をし、子どもたちがまちの人々との関係を築く手段となりました。多くの人々が子どもたちの成長を見守り、健やかな成長を願い、さまざまな形で関わってくれました。

　しかし、ここまでの事象は、単にまちの方々が子どもたちの世話をしたという一方的なものではないと考えます。まちの年配の方たちからしてみても、子どもたちを世話したことで、生きがいや社会貢献の意が生起したのではないかと思います。その証拠に、商店街の人は、子どもたちが店先を通ると、よくお店から出てきて子どもたちに話しかけてくれるだけでなく、「子どもたちが来ると、とても元気になるよ」と言っていただけたからです。

　まちの人々と触れ合い、混じりあうことによって、まちの人たちを巻き込み、コミュニティが新たな渦をつくりだし、変容していく。これが単に保育園を営むという文脈ではなく、地域に根差す保育園の実践として、保育園と地域の人々がつながりあえた例となるのではないでしょうか。

地域に根差した実践（茅ヶ崎編）

昔、酒造で使っていた桶の蓋、今は保育園の門扉に。

　もう一つ、私たちの茅ケ崎市にある企業主導型保育施設ちがさき・もあな保育園（0歳児から5歳児対象、最大24名、企業さんのお子さんが現在約半分、地域のお子さんが約半分）の実践事例を紹介します。

　茅ケ崎市香川に所在する熊澤酒造株式會社は、明治5年創業で湘南唯一の酒蔵として現在にまでいたります。[※2]さらに現在6代目の茂吉（襲名）さんは、清酒の販売に限らずビールの製造や、カフェ、レストラン、ベーカリーやギャラリーなども同所で手がけており、広大な敷地がテーマパークのように多くの人々を惹きつける人気スポットとなっています。地元の方々にも広く知られる、まさに地域に根差した企業です。

※2　P149の参考文献一覧、参照

その熊澤酒造さんの社長である茂吉さんとは、大磯町の知人を通して知り合い、何度かお話しをさせていただきました。その際に、茂吉さんが世界中を旅していた頃、カリフォルニアにあるパタゴニアというアウトドアブランドの会社の隣に保育園があったことを憶えていて、いつか自分の会社にも保育園をつくりたいと思ったというお話を伺いました。そのお話と、企業主導型保育施設の事業の公募が偶然にも重なったこともあり、会社の敷地内に保育所を設置することが実現しました。

虫に興味津々

　その後具体的な設置場所を検討する際に、茂吉さんに案内いただき「ここはどうだろうか？」とい言われた場所は、屋外プールの跡地でした。このプールは5代目が丹沢山系の水を引いていたことをヒントに屋外プール事業を始められ、その後屋内プールを別地に造ったことから、屋外プールは使用しなくなったそうです。しかし、思い入れのあるものとして壊さずに現在まで残していたそうです。そして、先代の思いを汲むかたちで、広大な敷地にあるプールの中に保育所をつくることとなりました。

　この保育園のユニークなところは、熊沢酒造さんの敷地内と敷地外という二つの環境で保育実践が可能だということです。まず敷地内には、ちょっとした森があり、保存樹木まである貴重な自然環境にあります。保育園はその森に隣接しており、朝には鳥のさえずりが聞こえ、森の中で自由に遊べる環境です。そして場内には、5代目の会社が設置したテニスコートもあり、平日テニスの会員さんが、子どもたちに話しかけてくれたりします。さらに敷地には、多くの植物が植えられた季節

自然の中で他者を気遣う

を感じさせるガーデンがあります。また、野菜の直売所があり、地元の有機農家さんが野菜を販売しています。その直売所には、ときどき給食のスタッフが子どもたちと一緒に野菜を買いにいくことがあります。その他にもこの場所には、お酒をつくる人、レストランやカフェのスタッフさん、食事やショッピングに来る人、などさまざまな人が入り混じり、子どもたちはさまざまな人に出会うことができる場となっています。ちなみに毎年の卒園式も敷地内の森で開催しています。

　もう一つの施設外（園外）の環境について話します。この茅ケ崎市

香川周辺は、水田や畑など自然豊かな場所であり、歴史や文化的にも古いエリアで、神社をはじめ歴史的建造物も残されています。子どもたちが散歩にでかけると、原っぱで虫取りをしたり、小さな小川が流れ、生き物をとったり、ちょっと足を延ばせば自然公園や海までいくことができます。それだけでなく、地域の人々は非常に親切で、子どもたちが畑の前を通ると農家の方々が話しかけてくれ、その季節ごとに収穫される野菜をいただくことがあります。さらに、自然物や人だけでなく、相模線というローカルな電車（単線）が走っています。そのゆっくり走る電車を近くの原っぱから見ることができ、こちらが手をふると、電車の車掌さんは毎回手を振り返してくれます。

ゆっくり走るローカル電車

一つこの地域らしいエピソードを紹介します。園では、1月末から2月上旬にかけて、毎年1回写真展を県立の里山公園の近くにある「ギャラリー木の実」さんで開催しています。小さくてアットホームな雰囲気は、私たちにはピッタリのギャラリーです。近くに駅などはなく、アクセスは決して良いとはいえません。しかし、わずか2週間の開催で毎年約300名の方に来場いただいています。

里山公園に遊びに来たついでに見ていただいている人や地域の人や保護者などさまざまな人が来場されていますが、昨年とても面白い試みを子どもたちが企画しました。それは、スタッフが作成した写真展のチラシを、普段の散歩で出会う地域住民に配ってまわるという案でした。子どもたちはチラシをもって散歩をしながら、花農家さんや、いつも野

子どもには見える、小さな世界

菜をくれる農家さん、よく会う人たちにチラシを配りました。そのおかげで、多くの人々にご来場いただきました。ある日私が会場に足を運んだときに、農作業の合間を縫って来てくださった農家の方が、「子どもたちが来てくれっていうから来てやったよ」と、ニヤッとして、さっと見て帰っていかれました。

開園してわずか数年の間に、企業で働かれる方も半分ほどに増え、仕事が終わったら、敷地内の保育園にすぐに迎えに来てくれる光景がみられます。敷地内の直売所の農家さんとも非常に仲良くなることがで

きました。また敷地外でも、地域の方々が子どもたちを見守ってくださり、今では、茅ケ崎市に転入を予定されている方々の問い合わせが多い園となりました。私たちにとっては、特別なことをしてきたわけではなく、日常の生活の中にある地域資源を保育実践に取り入れていったに過ぎないのですが、企業の人々や地域の人たちが、子どもたちや保育者を地域コミュニティの一員として受け入れていただいたことで実践が豊かになっていったのではないかと思います。

地域に根差した実践と文化的コミュニティ

　ここまで2事例を紹介してきましたが、私たちが行っている実践は、単に園庭がないからとか、園舎が狭いからといって行ってきたわけではありません。地域ごとの資源環境を見渡すと、そこには独自の文化的特徴が見られました。地域における歴史や人々が営んできた「文化的コミュニティ」に参加することで、地域社会とのつながりが生まれます。単に私たちだけが、子どもたちにとってより良い実践を行っていたわけではなく、地域の人々も同じように子どもたちに「良くなってほしい」と

願い、関わってくださいました。そして子どもたちに何かを還元し、喜びを感じる相互作用が生まれました。これにより、実践が豊かになってきたのだと思います。これらのことは、私たちのどの園においても同じです。
　ここで、「文化的コミュニティ」という言葉に馴染みがない方もいると思いますので、そもそも「文化的コミュニティ」に参加するということはどういうことかを説明したいと思います。
　ある地域の中で、人々が暮らしてきたと仮定すると、その地域の中で

6章　……　都会でもできる「森のようちえん」　……　133

「文化」というものがつくられていきます。さらにその文化は、長い年月を経て、他の地域の文化との違いが出てくることがあります。

例えば、アフリカのコンゴでは、1歳くらいの子がナタを持っていても、周囲の大人が「危ない」と取り上げることはありません。日本ではどうでしょうか。日本の子育て文化の中では、それを取り上げ危険回避することが普通かと思います。

他の例でいえば、ニュージーランドでは、満3歳児が、釘とトンカチ

緑道にてザリガニをドキドキしながら捕まえる
（筆者園にてイメージ）

を使って、トントンすることやノコギリを使ってギコギコすることは、ニュージーランドの子どもたちはよくやる光景なのです。これも日本の多くの保育園では、満3歳児がトンカチやノコギリを勝手に使用するということはほとんど見たことはありません。ニュージーランドでは、多くの父親が農場を経営し、さらに家の修理などもすべて自ら行います。コミュニティの一員である子どもは、父親がガレージで頻繁にトンカチやノコギリを使って作業する姿をよく目にしています。これがニュージーランドでの文化ということになります。その「文化的コミュニティ」に参加することで、その文化圏の中でのステータスとなっていくということを、アメリカの心理学者であるバーバラ・ロゴフ[※3]は、述べています。

よってここまでの2事例も「文化的コミュニティ」に参加することで生じたことだと考えます。さらに一つ上述のことを感じられる物語をお伝えします。

昨年、横浜にある創設から約15年の私たちの保育園が、あるテレビ番組の取材をうけました。その番組は、その地域のことをランキング形式で紹介する情報番組でした。番組側からは、いつものように緑道と呼ばれる自然公園で遊んでいる様子を撮りたいということでした。その後撮影も無事終わり、放映日に私もテレビの内容をチェックしようと番組を見てみました。そもそも、私たちがどのように映っているのかは、番組当日でないと分からないため、ワクワク、ドキドキの気持ちでテレビを見ていました。結果、私たちの園は、最後の最後に登場し、ランキング1位で紹介されました。もちろん1位という順位を嬉しく思いまし

※3 P149の参考文献一覧、参照

134　園外・まち保育が最高に面白くなる本

たが、それ以上に、テレビ番組であるにしても、多くの方に私たちの活動を知っていただき、私たちのことをまちの人たちが、注目した結果であると実感した瞬間でもありました。

　約20年前、ニュージーランドでの生活を経て日本に帰国した私は、子どもたちへの活動をスタートしました。そして都会の子どもたちに自然体験の活動を提供しようという社会貢献の意から、横浜市都筑区という場所に住みはじめました。その当時は、知人は一人もいませんでした。そこから20年が経ち、港北ニュータウンという関係性の薄いエリアと一般的にいわれる地域に住むことを決め、その地域の文化的コミュニティに参加しました。その後、一住民としてコミュニティに新しい風を吹かせ、私たちの活動を「善い」と思ってくれる共感者が少しずつ増えていきました。その結果、文化が変容していったと考えます。一住民としてコミュニティに参加し、そのまちの一員になったことで、子どもにとって「善い」ということを味わう人たちとつながり、さらに多くの人たちを巻き込んだことが、私たちの実践の評価につながったのだと思います。

　もしかすると、ここまでの事例は、私が「バイタリティがある」とか、「その場所だからできた」であるとか、「ラッキーだった」という人もいるかもしれません。しかし、私は本来どの地域であっても、冒頭に話した通り、地域に根差した保育実践は必然的であったはずです。よって、今一度地域の資源や文化を知る機会をつくり、地域と保育園をつなぎなおすことだけで、実践は変容していくと考えます。そのことを証明すべく、次節では東京都墨田区における公立、私立保育園の巡回を通して、保育が変わっていった事例をお伝えしたいと思います。

我らやぶこぎ探検隊

気持ちがここに

はらぺこあおむしさんこんにちは

地域に根差した実践（墨田区の巡回園編）

　私は、お伝えの通り、2020～2021年に東京都有識者会議を経て2021年からの3年間、東京都墨田区にて保育アドバイザーとして、区内10地区（地区から1園選出）の保育巡回指導と公開保育を担当することとなりました。一つの園に3回巡回指導を行い、最後4回目は公開保育を行い地区の園が見に来るという流れで行いました。

　私としては初めての試みでしたが、役場の方と話し合い、本来であれば園舎、園庭での巡回指導だそうですが、今回私が担当する園だけは、すべて園外保育の設定でお願いしました。補足すると、園外保育の巡回指導や公開保育という例は過去にもなかったようです。私が就任する前5年間の巡回指導は「主体的、協同的学び」をテーマに大学の先生方を中心に行ってきた経緯がありました。それに加え私なりに、園外保育での設定ということから、巡回指導にあたっての三つのサブテーマを作ってみました。

　一つ目のテーマは、「地域資源をみなおし（つなぎなおし）てみよう！」です。これは、園外保育を通して、今一度地域の資源を見直すということです。その資源というものは、自然公園だけでなく、歴史、文化を感じられる神社、仏閣や江戸の文化を感じられる建造物、下町に住む人々などすべてということです。これを子どもとの散歩を通して、いろいろ再発見をし、地域と保育園とをつなぎなおしていこうということでした。

　二つ目のテーマは、「想定外を想定内に」です。これは、常に園外にて子どもたちと散歩をしていると、突然、「いいことを思いつき」、想定外なことが起こります。それを一般的に、「みちくさ」と呼びます。常に子どもたちは、「いいことを思いつく」ため、想定外なことは次々に起こります。それを想定内にすることにより、子どもの自由さも上がり、やりたいことに蓋をしないということになると思います。さらにいうと、保育者の想定外なことを想定内にできることこそ、保育の専門性につながる話であると考えたからです。

　三つ目のテーマは「保育を面白がる」です。ここまで、私たちの園に

視察、見学される中で、自身の園のお話をされる方がいるのですが、その内容の多くは面白がって実践ができていないということでした。日々時間に追われ、いろいろな制約があることから、悩まれていることも多いようです。そして、私たちの園の実践を見て、「保育者さんがとても笑顔で楽しんでいますね」とおっしゃる方がいました。私たち園の文化では、「保育を面白がる」ことは、当たり前のように思っていましたが、他園では難しいこともあるとのことから、今回の巡回のポイントとして、見せていただきました。

さらにもう1つ、巡回指導にあたって考えたことは、巡回後昼寝の時間帯の1時間にその日の振り返りをさせていただくことです。その際、当日の巡回クラスの担任だけでなく、なるべく昼寝中に抜けられる環境にある、乳児も含めたクラスの保育者にも出ていただくようお願いしました。今回の話し合いの時間は、担当した保育者さんだけでなく、他の保育者さんにも関連した話であることを伝えることで、理解が深くなるのではと考えたからです。

1. 巡回保育でのエピソード

私も手さぐりの中、1年目の巡回指導が始まりました。その中で特に印象的なエピソードをお伝えします。A園は、徒歩10分程度で荒川の土手まで歩いて行ける環境にある園でした。しかし、毎日荒川の土手に出て遊ぶという文化はなく、むしろ荒川の河川敷に魅力を感じていない観がありました。1回目の巡回がスタートし、園から河川敷に向かって歩き出しました。すると、保育者さんは車両などに気をつけながら子どもたちと一緒に歩いてはいるのですが、あまり周囲環境には興味、関心がなく、河川敷という目的地に向かって、進んでいきました。河川敷に到着すると、今度は河川敷にあるマリーゴールド畑まで、子どもたちは手をつないだまま、一直線に進んでいきました。目的地に到着後は、自由遊びの時間が始まりました。子どもたちはとても楽しそうな様子だったのですが、保育者さんが子どもたちに、お人形やおもちゃを手渡し、青空の下で各々の遊びが、人形を使っての遊びに移行していきました。

上記の午前中の様子を踏まえて、午睡の時間を利用して、みなさんと午前中の保育の振り返りをしました。そこで、私なりに実践のポイントを共有しました。

❶ 目的地に行くまでのプロセスの大切さ
❷ 遊びの領域の狭さ
❸ 子どもから湧き出る遊びを見守ってみる

「目的地に行くまでのプロセスの大切さ」としての意味は、園から現地までのプロセスの中で、実際家の庭木が見られたり、整備工場のおじさんが挨拶してくれたり、土手に上がった際に、園児の子が「きれい」と思

わずつぶやいたシーンが見うけられました。そこで保育者さんにもう少しゆっくりブラブラとみちくさをしながら歩くことで、それまで見えなかったものが見えてくることに意識されてみてはと伝えました。

「遊びの領域の狭さ」に関しては、荒川の河川敷そのものは素晴らしい環境ではありますが、広い場所を活かしきれていないと感じました。そこで、A園の中堅の保育者さんに、「河川敷、結構広いと思うんですけど、それでも2列で歩くのでしょうかね？」と聞いてみることにしました。すると、その質問に対してびっくりした表情で保育者さんは「改めて問うことがなかった」と正直に応えてくれました。それを聞いて私は、「では、次回の巡回のときには、手を放して歩いてみたらどうなるか見てみましょうか」と提案してみました。

「子どもから湧き出る遊びを見守ってみる」ことに関しては、人形を与えた保育者さんに、私は「なんで人形が必要だと思ったんですかね？」と聞いてみると、保育者さんは「暇を持て余すかもしれないので…」という返しでした。それに対して私は「次回の巡回のときには、おもちゃを持っていかないで遊んでみたらどうなるか見てみましょうか」と話してみました。要するに、子どもが「本当は何がしたいか」を見てみることで子ども自ら湧き出てくる遊びに注視してみましょうということを意味し伝えました。

後日上記のことを職員全員で話し合った上で2回目の巡回を行いました。すると、保育者さんが、ゆっくりと話しながら子どもたちと歩き、子どもたちが気になることがあると立ち止まりゆっくりと、近所の家の庭の

河川敷にある何気ない場所がステージに

植栽を見てみたり、整備工のおじさんに笑顔で挨拶したりしました。荒川の河川敷にて出たときも、「ここからは手を放していいよ」と保育者さんが伝え、2列ではなく手を放して歩いてみました。すると、子どもたちは、自由に走りまわり、楽しそうにはしゃぎながら歩いていく姿が見られました。さらに何人かの子どもたちは、横一列に並んで手をつなぎだして、今まで体験したことのない歩き方の楽しさを味わっていました。

荒川の河川敷にて集めた野草の花束

私は、その光景を見て保育者さんに「どうですか」と聞いてみると、自身が想定していたこととは違う、想定外なことが次々と起こり、保育者さんの顔も少し恥ずかし気でした。巡回後に、中堅の保育者さんから「自身の保育を考える上で、良い機会になった」と言っていただけました。

　3回目の巡回の際には、子ども自ら河川敷で遊びを見つけ出し、葉っぱや棒を使って創作をする子や、子どもたち同士で、1本のロープを使って木登りをしようとして、大人が何も言わなくても、ああでもない、こうでもないと話し合い、みんなで協力した末に1人の子が木の上に登ることができました。公開保育の際には地域の他の保育園の方が見に来てくれました。子どもたちそれぞれが、「いいこと思いついた」と、周囲の環境にピーンと発見し、それぞれの遊びを選択し、子どもたちが終始笑顔で満たされている顔をしている。そんな様子を見て、他園の保育者さんも自身の実践を振り返り、A園の実践を見て、「私たちもぜひ取り組んでみます」と、非常に意欲的な気持ちになっていただけたようです。結果、A園の実践が、他の園まで影響を与えるほど素晴らしい実践に変容していきました。

ピーンと「いいこと思いついた」
（筆者の園にてイメージ）

ピーンと「いいこと思いついた」
（筆者の園にてイメージ）

　子どもたちが、自ら「いいこと思いついた」と、ピーンと発見し思わず葉っぱと棒を使って焼き鳥屋さんごっこをしたり、「いいこと思いついた」と船着き場にあるコンクリートのスペースをステージとみたて、歌やダンスのショーが始まったり、遊びがどんどん移行する子もいれば、「いいこと思いついた」と、野草を摘むことに没頭することもありました。つまり、子どもにとって自由な環境（没頭できるだけの時間の長さや領域の広さ）があれば、子ども自身から遊びを見つけ出すことができる。それを保育者が面白がって見ているということがあれば、子どもの面白いことをしている姿が見えてくる。その子どもの面白い姿を見て、保育者さんも面白がることの善さを味わい、さらにその実践を観た他園の保育者さんまでも、その実践の面白さを味わい、感化していったと、A園の実践を通して感じました。

　上述のようなことは、A園に限った話ではなく、初めて巡回した際にも、驚くべきことが他園でもありました。例えばB園では、自然豊かな公園に出かけ、広い原っぱで遊ぶのかと思いきや、鬼ごっこをするにあたり、四方に大人が立ち、子どもの遊ぶ領域を知らず知らずに制限し

6章　都会でもできる「森のようちえん」　139

ていました。C園では近くに良い公園があったとしても、そこまで行くことがほとんどないという園もありました。しかし、巡回を通して、みなさんの根幹には、「良い実践がしたい」という思いがあり、より良い実践を考える上で、今回の巡回が問い直しをする機会となったと思います。そして、回を重ねるごとに実践が良い方向に変容していったといえると思います。

2. 想定外の雨

　40回の訪問の中で上記のエピソード以外にも保育者さんたちの実践が変容していった事例をお伝えします。
　D園の1回目の巡回でのこと、その日は雨の予報もありましたが、何とか雨に当たらないことを願い、5歳児と近くの公園で遊ぶことにしました。公園についてしばらくすると、パラパラと雨が降ってきましたが、子どもたちはまったく気にすることなく遊び続けていました。その後さらに雨が強くなってきて、保育者さんたちは、少し早い帰園を決め、そのことを子どもたちに伝えました。しかし、夢中で遊んでいることもあり、そのまま遊び続けていました。その状況を見ても、保育者さんたちは急に出発をすることもなく、ゆっくりと帰り支度を始めました。子どもたちも少しずつ雨が強くなってきたのを感じ、「こっちの木の方が雨があたらないぞ」と言いながら、雨という状況を楽しんでいました。園に帰る途中、道路には少しずつ水たまりができはじめ、その水たまりをバシャバシャしたり、雨どいから滝のように流れる雨水を触ったりし、楽しみながらゆっくり園に戻りました。
　巡回後、その日の保育を振り返った際、午前中に一緒に入ったスタッフから「雨の中での保育は初めてで

雨の日ならではのあそびを発見！まるでトトロの傘（筆者の園にてイメージ）

した」、最初は、雨が降ってきたことを大人の感覚として、「困惑する気持ちだった」と正直に話してくれました。しかし、子どもたちが雨をとても楽しんでいた姿を見て、「本当は子どもって、こんなことがしたいんだ」ということを知ると、自身の保育観も変容していったと伝えてくれました。また、これからも「雨の日の散歩を続けていきたい」とまで話してくれました。結果、子どもの想定外の姿を見て、保育者の保育観に変容がみられました。

保育実践エピソードを通じて、大人と子どものみならず、雨や水たまりのような環境とつながり、保育が豊かになる様子を垣間見ることができたと感じます。子どもの面白そうな姿を見て、大人も面白がる。まさに、子どもと大人の関係の中で共に成長する光景だったと考えます。

3. 見て学ぶこと

もう一つ今回の巡回での印象的なエピソードを紹介します。先ほどの節では、子どもと大人の相互的関係性の話でしたが、今度は、保育者の先輩、後輩の話です。E園の巡回を見た時のことです。5歳児の担任の中堅保育者は、とても歯切れよく元気で、コロナ禍以前は、よく遠くまで遠足にも行った経験もある方でした。

その日は少し遠くの公園まで出かけ、ゆっくりと子どもたちと対話をしながら歩いていき、とても素敵な実践の内容でした。午後、他クラスのスタッフも交えて振り返りをしました。4歳児の担任は、まだ2年目の保育者で、私はその4歳児担任の保育者に「過去にその公園まで4歳児を連れていった経験はあるか」聞いてみると、「今までに行った経験がない」と答えてくれました。さらに行ったことがない理由の中には、子どもたちをそこまで連れていけるのかという不安もありました。そこで、次回の巡回を4歳と5歳の合同で、その公園まで行ってみる設定にしてみました。

6章 ‥‥‥ 都会でもできる「森のようちえん」 ‥‥‥ 141

3回目の巡回の日、4歳、5歳合同で出発。子どもたちは、5歳児が4歳児の手を引いて、おしゃべりをしながら、楽しい様子でまったく心配ありませんでした。その公園に到着し、青空の下一緒に遊びだしました。そして、一番楽しそうに遊んでいたのは、初めてその公園まで来た4歳児の担任でした。芝生に寝っ転がり、空を見上げながら、子どもたちと話しをし、非常に解放されているような様子がみうけられました。散歩から帰り、午後の振り返りの際に、4歳児担任に感想を聞い

助け合う子どもたち（筆者の園にてイメージ）

てみると、「とにかく楽しかった」という声が聞け、さらに、「今度は4歳児だけでも行ってみたい」と、前向きな発言もみられました。このように新人の保育者が、ベテランの保育者から何かを教えてもらうというより、ベテランスタッフと共に保育をすることで、新人のスタッフが、ベテランスタッフの実践に憧れ、その実践の「善さ」に感染していくというように思えました。その結果、自身の実践に変容がみられたのではないかと考えます。

　今回、他の保育園の巡回でも、ベテランの担任が、4歳児の若い保育者と合同で、遠くまで散歩に出かける状況を強いてつくり、その結果、若手の保育者に良い変容が生起したという似たような事例がいくつかありました。ベテランの保育者と話しをすると彼女たちのほとんどが、墨田区出身者だと分かりました。いわゆる地元民で、周囲の環境やルートなどを熟知していることが分かりました。さらに彼女たちは、「昔はこの辺まで来てよく〇〇していた」など、若手時代のエピソードを話してくれ

助け合う子どもたち（筆者の園にてイメージ）

て、その内容は大変寛容的な実践でした。
　一方、新人のスタッフは、そもそも墨田区の出身ではなく、就職にあたり、他区や東京都外からやってきた人がほとんどでした。そのため、周囲の環境のことを知らないまま実践を行っていたということが分かりました。これには一つ、大きな懸念があると感じました。それはベテランが退き、若手と引継ぎがされていないまま進んでしまうと、地域資源を使っていた時代の歴史は消え、寛容さのある豊かな実践のイメージがなくなってしまうことでした。上記懸念を回避するためにベテラン保育者

に感染し、その「善さ」をまねることで、若手実践者の変容と、より良い実践を目指そうとする保育者全体の変容が今日の保育実践に必要であると感じました。

4. 墨田区巡回指導のまとめ

　　今回40回の訪問を通して、多くの実践の変容の瞬間を目視してきました。また同時に10地区それぞれに保育にとって有益な地域資源を発見することができました。その資源を活かし、これからの実践をさらに豊かにするためのおススメのポイントを三つ考え、みなさんに以下共有しました。

❶ 電車・バスを使った1way遠足をやってみよう！
❷ おむすびを持って外へでよう！
❸ 小遠足の日を増やそう！

　一つ目の「電車・バスを使った1way散歩をやってみよう！」とは、墨田区内には、地下鉄をはじめとする公共交通機関が無数に張り巡らされており、園から数分歩いたところに、駅やバス停があります。したがって、目的地を設定し、そこから電車やバスで帰ってくることができます。

　1wayにすることの「善さ」というのは、時間内で散歩の領域を広げることができる点にあります。特に電車が好きな子にとってみれば、モチベーションが上がる話になると思います。例えば、錦糸町付近の保育園であれば、親水公園という南北に伸びている公園を歩いていくと、スカイツリーのある押上駅までいけます。そこから帰りは、地下鉄に乗れば1駅で錦糸町駅に戻れます（図−3参照）。このように、墨田区周辺では多様な計画が立てられるということです。

　二つ目の「おむすびを持って外へでよう！」とは、おむすびを持って行くことによって、いつもよりも長く外で遊ぶことができることを意味します。月に一回でも特別な日として、「おむすびの日」を設定してみることをおススメします。保育園に通う親御さんにとっては大変なことかもしれません。しかし、子どもにとってみると、

6章　……　都会でもできる「森のようちえん」　……　143

親が結んでくれたおむすびは、何より嬉しいプレゼントになります。

　私の園では、「おむすびの日」という日があり、その日は、朝から子どもたちは巾着袋に入ったおむすびを楽しみにし、登園してきます。自然公園に到着し、バッグと水筒を置き、さあ遊び出そうとする瞬間に、思わず巾着袋に入っているおむすびをパクッと食べてしまうことがあります。どんなに素晴らしい給食を提供していても、親がつくったおむすびには敵いません。ちなみに"おにぎり"と呼ばずに強いて"おむすび"と呼ぶのは、大好きな親が"まごころ"を籠めてにぎることを通して、"親と子の関係を結ぶ"ことに由来しています。

　三つ目は、上記二つにも関係していますが、バスを使っての芋ほり遠足や、海山に行く遠足そのものが悪いわけではありません。大がかりな遠足を年に1回だけしか行わないとするならば、月に1回でもそれほど遠くなく、電車やバスなどを使って、おむすびを持ってでかける日があることの方が、子どもにとって楽しみが増えると思います。バスに乗って海や芋ほりに行くのも良い思い出ですが、それに加えて、小遠足を増やせば、「はやく遠足がこないかな」と思う日が増えるということ、それは子どもにとってみれば楽しみが増えることになるのではないでしょうか。

　「都会は自然環境が乏しい」であるとか、「子どもが遊ぶ環境が少ない」といわれますが、40回の訪問を通した結果、それは「すべて正しいわけではない！」ということが分かりました。前述の通り、保育資源は、自然物だけでなく、江戸の文化を感じられる建造物や風習や地域のさまざまなお店や地域で仕事をされている人まで、有益な資源はたくさんあります。しかし、内側にいる人たちにとってみると、それがあまりにも日常すぎて見えなくなることがあります。今回の巡回で、両国国技館の近くの保育園を訪問しました。そこで私が一番衝撃だったことは、お相撲さんが自転車に乗って走り去っていったり、喫茶店でお話しをされているお相撲さんがいたりと、身近にお相撲さんがいることでした。これも地域の人にとって当たり前のようですが、通常この地域の方以外の人たちは、お相撲さんはテレビの画面で見るものです。お相撲さんが身近に見られることは、子どもにとってその地域の文化を味わえる瞬間そのものです。このお相撲さんの例をはじめ、この墨田区には、子どもにとって有益な資源はたくさんありました。それも子どもたちと共に歩いたからこそ分かったことだと思います。

　今回の訪問を通して、墨田区内を歩き、たくさんの発見や気づきがありました。そして巡回指導や公開保育をまとめるために可視化する方法はないか思案している中で、イギリスでの出来事を思いだしました。それは私が2015年のロンドンで子どもの遊び環境を視察させてもらったときのことです。「London play」というロンドンの子どもたちに遊びの環境を保障するための団体が、さまざまなキャンペーンやイベントを行い、ロンドンの人たちに子どもの遊びを推奨するPRを行ってきた事例を紹介してくれました。その中のキャンペーンツールに「London play's　Hidden Treasures」というマップを作成したことを伺い、そのマップもいただきました。非常にわくわくするようなイラストで、ロンドンの遊び場やそこにいる生き物や植物を紹介するものでした。私は「そうだ！あれだ！」と思い、彼らがつくったマップをヒントに知人のイラストレーターである金井さんと一緒に再度墨田区を歩き、墨田区の魅力がたくさんつまった「みちくさマップ」を作成しました（図-3参照）。

墨田区の「みちくさMAP」illustrated by かない とよあき　（図-3）

これを今回訪問させていただいた園に差し上げたところ、大変喜ばれました。そして、保育者のみなさんが「次は、こっちの方にも行ってみます」と遠足の計画を楽しそうに話してくださいました。

2015年ロンドン「London play」事務所にてmapをいただく

6章　••••　都会でもできる「森のようちえん」　••••　145

地域に根差した実践のまとめ

　ここまでの話から、地域に根差す実践を行う上で、地域を子どもたちと共に歩きながら、地域資源を再発掘することは、都会であっても、地方であっても必要なことだと思います。それは自然環境以外にも、その地域で培われた文化的な事物も含まれ、それを子どもと共に見つけ、ときには"みちくさ"をし、ときには子どもを媒介し、地域の人々と仲良くなることもあります。これらのことは、日本中のどこであっても実践は可能であると考えます。本来、保育や教育というものが地域と密接であったように、地域に根差した保育実践を再生することは、単に保育園が良くなるということだけでなく、地域の人々とのつながりや、文化の再考は、地域と保育園が相互的に活性化されるものであると考えます。さらにいえば、日本社会が、約40年間で地域コミュニティを喪失しかけている中、今一度、人は一人や一家族だけの単位では生きてはいけず、地域のつながりが、人間の営みの中でもっとも重要なことであると気づく必要があります。そして、日本全国約4万人もの保育園というものが、地域コミュニティのハブとなり、地域の人々をつなぎなおすための場となっていくことを願っています。

　最後に、この「地域に根差した実践」とは、地域の関係性の輪が広がると同時に、地域の人々とつながることで、実践が豊かになることだと考えてきました。さらに実践が豊かになるということは、その保育園にいる子どもたちが幸せになることだと思います。未来を担う子どもたちが、今幸せであることこそ、保育実践にとってのすべての基軸であると考えます。そして、すべての人たちが子どもたちの未来のために、つながりあうことを願い、この章を終わりにします。

COLUMN

自然が自然に保育者を成長させてくれる

　以前岐阜県Y市の公立保育園の保育士さんから研修の依頼がありました。特に大きな特徴もなく丁寧な保育をされていましたが、保育士さんは秋になると運動会やお遊戯会などの準備に追われ、忙しい様子が見受けられました。そこで、横浜の私たちの保育園に来ていただき実際に「森のようちえん」の実践を体験いただいたり、研修にてディスカッションを重ねながら、若手から園長までお話をさせていただきました。その中で中堅保育士さんと3日間の研修を行った際の感動的なエピソードをお伝えしようと思います。

　季節は秋、10年超の中堅保育士さん7名が、県立森林学習センターに集まり、研修といっても自然の中でゆったりした時間を過ごしたり、子ども時代を思い出し好きなことを思いっきりやったり、一緒に楽しい時間を過ごしました。もちろん、普段7人全員が一緒に話す機会はない中で、お互いに話し合い、これからの保育実践を見つめ直す機会にもなりました。その中で、唯一の男性保育士さんGさんは、研修初日に自身の気持ちを絵にしてもらう心理的ワークショップ（注：ヴィジュアル・ナラティヴアプローチ）を行った際、錆びたロボットを描きました。そのロボットというのは自分であり、普段のルーティンな日常、仕事と生活にモチベーションを高く持てない状況にあったようでした。しかし、研修を行っていくうちに、自身が楽しいことに夢中になり、遊んでいました。薪を割って、ドラム缶風呂に入ったり、自身で火をつけ焼いたホットサンドを食べたり、耳を澄ませて森の音を聴いたりするうちに、徐々に自身の気持ちが変わってきたようでした。研修の終わりに振り返りの時間を設け、最初に行った心理的ワークショップを再度行いまし

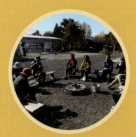   

た。するとGさんは、錆びたロボットは綺麗になり、そのロボットを楽しそうに持ちながらドラム缶風呂に入る自分の絵を描いたのでした。

　数か月後、Gさんの保育園に訪問する機会がありました。園長先生から、いの一番にGさんの話が出てきました。「研修後、Gさんは先頭に立って、子どもたちと一緒に、園外の緑豊かな場所に出かけ、虫をとったり、植物をみつけたりして楽しんでいます」と話してくださいました。その後Gさんともお会いし、本当に楽しそうに保育をされている様子を拝見しました。その他の保育士さんも、自分の園に帰って園外保育を行う人もいて、園の活動が大きく変わっていったと聞いています。

　これは、私が魔法をかけたような話がしたいのではなく、自然環境の中でじっくり過ごし、話しをすることで笑顔があふれ、改めて保育を問い直す環境を設定したにすぎません。みなさんの「保育実践をもっとよくしたい」という気持ちが湧き上がってきて、園外環境を見直し、保育士さん同士の関係性の中で、自然と変容していったのだと思います。つまり、「保育は自分が楽しまなくては、つまらない」ということに気づいたのだと思います。

morinos チャンネル

Gさんの研修前の絵

研修後の絵

photo by カワキタフィルム

注：ヴィジュアル・ナラティヴアプローチに関しては、横山草介・関山隆一『保育者の実践観の変容に関するヴィジュアル・ナラティヴアプローチ』「保育学研究」第58巻第2・3号合併号、2020　参照

＜参考文献一覧＞

2章　まち全体が保育資源の宝庫

・三輪律江、谷口新、田中稲子、藤岡泰寛、松橋圭子『乳幼児の年齢別にみた地域における親子の「居場所」－東京都三鷹市での親子の外出に関するアンケート調査より』日本都市計画学会都市計画報告集、2004.11　No.3-3、p.76-81

・西田あかね、三輪律江『乳幼児親子の行動圏からみた地域資源の利活用・選択構造と地域評価に関する研究』子ども環境学会関東研究会第一回研究セミナー、2016.2

・三輪律江、尾木まり 8 名『まち保育のススメーおさんぽ・多世代交流・地域交流・防災・まちづくり』萌文社、2017.5

4章　村と保育園

・津守真『保育者の地平』ミネルヴァ書房、1997

・ユクスキュル / クリサート『生物から見た世界』岩波文庫、2005

・アストリッド・リンドグレーン『やかまし村の子どもたち』岩波書店、1965

・鷲田清一『パラレルな知性』晶文社、2013

・國分功一郎『中動態の世界　意思と責任の考古学』医学書院、2017

・500 年の common を考えるプロジェクト YATO『YATO の郷土詩』アーツカウンシル東京、2022

・新村出『広辞苑　第七版』岩波書店、2022

・矢野智司『マナーと作法の人間学』東信堂、2014

・伊藤亜紗『手の倫理』講談社選書メチエ、2020

・川田学『保育的発達論のはじまり』ひとなる書房、2019

・竹端寛『ケアしケアされ、生きていく』ちくまプリマー新書、2023

・アレン・オブ・ハートウッド卿夫人『都市の遊び場 [新装版]』鹿島出版会、2009

・坂口恭平『ゼロから始める都市型狩猟採集生活』太田出版、2010

・赤瀬川原平『超芸術トマソン』白夜書房、1985

・赤瀬川原平『路上観察学入門』ちくま書房、1993

・今和次郎『考現学入門』筑摩書房、1987

・中島智『文化の中の野生』現代思潮新社、2000

・ジョン・デューイ『経験と教育』講談社学術文庫、2004

・カルロ・ロヴェッリ『世界は「関係」でできている　美しくも過激な量子論』NHK 出版、2021

・ティム・インゴルド『人類学とは何か』亜紀書房、2020

6章　都会でもできる「森のようちえん」

※１：佐伯、矢野、岩田、久保、関山『子どもの遊びを考える「いいこと思いついた！」から見えてくること』北大路書房、2023

※２：熊澤酒造株式會社『湘南の楽園、熊澤酒造 四季折々の愉しみ』主婦の友、2024

※３：バーバラ・ロゴフ　當眞千賀子訳『文化的営みとしての発達』新曜社、2006

おわりに

　私にとって、この1冊の書き上げるまでの間、多くの人たちの出会いが私自身の書くための原動力になりました。汐見先生は、私が昔保育の「ほ」の字も知らない時代に、研究会に誘っていただいたり、発表を依頼されたり、雑誌の対談相手として起用していただいたりと、保育の世界における恩人という言葉以外見当たらないほど、大変お世話になり、今回も一緒に書くことができ嬉しい限りです。私の大学院時代の講師であった宮里先生と、東京都の仕事をご一緒させていただいたことは嬉しいことでした。また、偶然にも宮里先生を知る以前に、私はご主人の宮里和則氏と出会い、一緒にイギリスを訪問したり、子どもの「遊び」に関するイベントを行ってきました。今回私の章で、イラストを描いてくれた金井さんは、宮里氏の運営する遊び場のスタッフでもあり、これもご縁かと感じています。保育とはまったく関係ないキャンプイベント会場に齋藤さんは「COIN」というバンドで招かれ、私はカヌーの講師で招かれるという偶然の出会いからはじまり、その後お互いが保育事業者であることを知り、仲良くなっていきました。松本さんとは、保育の業界ではなく、ソーシャルビジネスを行っている若手の事業者たちの中に共通の知人がいることを後々知り、仲良くなっていきました。その後、齋藤さんと、松本さんと一緒に新しい保育の扉をひらくため、話し合いを今も続けています。その他共同研究者である横山先生、墨田区の保育アドバイザーの仕事を紹介してくれた浅見先生、そして私に学ぶことの大切さを指導していただいた佐伯先生。多くの人との人間関係の渦から、今の私があります。

　最後に、人間中心主義的な社会が目立つ昨今ではありますが、私は、人間の「善さ」というものをこれからも信じたいと思います。家族、保育園、地域というそれぞれのコミュニティの渦が、外側の世界を巻き込み、その関係性の中に自分がいるということを本書でも言い表してきました。すべてはつながっており、これからの社会を生きていく上で大切なことは、それぞれ個性が活かされ、それぞれの違いを認め合い、つながりあっていくことだと思っています。そして、地域に根差す素晴らしい保育実践というのは、平和な世の中の縮図だと仮定すると、これから生きていく人たちにとって、明るい未来とは、足元の地域から見つめなおすこと、すなわちそれが平和への一歩であると、私は願いたいです。

関山　隆一

【著者】（敬称略、掲載順）

汐見稔幸（しおみ としゆき）_ 1章

東京大学名誉教授、白梅学園大学名誉学長、一般社団法人家族・保育デザイン研究所代表理事、全国保育士養成協議会会長、日本保育学会理事。専門は教育学、教育人間学、保育学、育児学。著書に『学校とは何か 子どもの学びにとって一番大切なこと』（河出書房新社、2024年）、『新時代の保育のキーワード〜乳幼児の学びを未来につなぐ12講〜』（小学館、2024年）等、多数。

Special Thanks：鳩の森愛の詩瀬谷保育園

三輪律江（みわ のりえ）_ 2章

横浜市立大学 国際教養学部 国際教養学科都市学系／大学院 都市社会文化研究科教授。専門は建築・都市計画、参画型まちづくり、こども環境学、環境心理学。代表編著に『まち保育のススメ』（萌文社、2017年）、共著に『こどもまちづくり型録』（鹿島出版会、2023年）他。第13回こども環境学会賞（論文・著作賞）、第14回日本都市計画家協会神奈川支部賞受賞。

Special Thanks：
NPO法人 孫育て・ニッポン 理事長　棒田明子／萌文社／横浜市認可ピッピ保育園

宮里暁美（みやさと あけみ）_ 3章

お茶の水女子大学アカデミック・プロダクション寄附講座教授、文京区立お茶の水女子大学こども園園長（初代）。日本の教育学者、保育学者。著書に『0-5歳児 子どもの「やりたい！」が発揮される保育環境』（監修／学研、2017年）『耳をすまして目をこらす　色とりどりの子どもの気持ち』（赤ちゃんとママ社、2021年）『ふしぎはっけん！たんきゅうブック　かがく編・アート編』（監修／文理、2023年）等、多数。

Special Thanks：
お茶の水女子大学こども園のみなさん／
公益財団法人 東京都公園協会

齋藤紘良（さいとう こうりょう）_ 4章

社会福祉法人東香会（しぜんの国保育園運営）理事長。しぜんの国保育園園長歴任。全国私立保育連盟研究企画委員。福祉施設の運営、500年間続く祭りの創造、寺院の再興、映像番組などへの楽曲提供やパフォーマンスなどを行う。著書『すべて、こども中心。しぜんの国保育園から知る、こどもの主体性を大切にしながら家族が豊かに暮らす方法』（KADOKAWA、2020年）他。

Special Thanks：
しぜんの国保育園 small village ／成瀬くりの家保育園／築田寺

松本理寿輝（まつもと りずき）・
チームまちの保育園_ 5章

松本理寿輝：まちの保育園・こども園代表

チームまちの保育園：今回実践を紹介している吉祥寺園（東京都武蔵野市）は、まちの保育園3園目として、2014年に開園。保育の場をまちづくりの拠点として位置づけ、豊かな社会づくりをめざしている。

Special Thanks：
まちの保育園 吉祥寺の子どもたち、保護者のみなさん

関山隆一（せきやま りゅういち）
【編著者】_ 6章・コラム

田園調布学園大学大学院人間学研究科子ども人間学専攻修士修了。1998年からニュージーランド国立公園現地ガイドとして従事。2004年日本に帰国後、NPO法人もあなキッズ自然楽校を設立。現在、神奈川県内に6つの保育園と1つの学童保育を運営。NPO法人森のようちえん全国ネットワーク連盟理事、NPO法人日本冒険遊び場づくり協会評議委員。共著『子どもの遊びを考える』（北大路書房、2023年）。

Special Thanks：もあなキッズ　保育園のみなさん

装 丁 デ ザ イ ン	松岡　里美
	／gocoro -ゴコロ-
装 丁 イ ラ ス ト	もんくみこ
本文デザイン・DTP	浅川　恭啓
	／(有)ミューテーショングラフィックス
作 図 協 力	豊岡絵理子
編　　　　　集	平川　麻希
販 売 促 進	黒岩　靖基
	恒川　芳久
	高浜　伊織

これからの保育シリーズ⑯

園外・まち保育が最高に面白くなる本

● 発　　　行　2024年12月2日　初版第1刷
● 著　　　者　汐見　稔幸
　　　　　　　　三輪　律江
　　　　　　　　宮里　暁美
　　　　　　　　齋藤　紘良
　　　　　　　　松本　理寿輝・チーム まちの保育園
● 編 著 者　関山　隆一
● 発 行 者　青田　恵
● 発 行 所　株式会社風鳴舎
　　　　　　　　〒170-0005　東京都豊島区南大塚2丁目38-1　MID POINT大塚6F
　　　　　　　　TEL. 03-5963-5266 ／ FAX. 03-5963-5267

● 印刷・製本　株式会社シナノ

・本書は著作権法上の保護を受けています。本書の一部または全部について、発行会社である株式会社風鳴舎から文書による許可を得ずに、いかなる方法においても無断で複写、複製することは禁じられています。
・本書へのお問い合わせについては上記発行所まで郵送にて承ります。乱丁・落丁はお取り替えいたします。

Ⓒ2024 toshiyuki shiomi, norie miwa, akemi miyasato, koryo saito, rizuki matsumoto, team machi no hoikuen, ryuichi sekiyama
ISBN　978-4-907537-51-7　C0037 Printed in Japan